D0821620

COMPLETE NARRATIVES OF FRANCOPHONE CARIBBEAN TALES

COMPLETE NARRATIVES OF FRANCOPHONE CARIBBEAN TALES

Edited by
Rouben C. Cholakian

Caribbean Studies
Volume 3

The Edwin Mellen Press
Lewiston/Queenston/Lampeter

Library of Congress Cataloging-in-Publication Data

Complete narratives of francophone Caribbean tales / edited by Rouben C. Cholakin.
p. cm. -- (Caribbean studies ; v. 3)
Text in French, with an introduction in English.
Includes bibliographical references.
ISBN 0-7734-8906-1
1. French language--Readers--Short stories, Caribbean (French)
2. French language--Textbooks for foreign speakers--English.
3. Short stories, Caribbean (French) I. Cholakin, Rouben Charles, 1932- . II. Series: Caribbean studies (Lewiston, N.Y.) ; v. 3.
PC2117.C715 1996
448.6'421--dc20 95-15705
CIP

This is volume 3 in the continuing series
Caribbean Studies
Volume 3 ISBN 0-7734-8906-1
CaS Series ISBN 0-88946-470-7

A CIP catalog record for this book is available from the British Library.

The Edwin Mellen Press
Box 450
Lewiston, New York
USA 14092-0450

The Edwin Mellen Press
Box 67
Queenston, Ontario
CANADA L0S 1L0

The Edwin Mellen Press, Ltd.
Lampeter, Dyfed, Wales
UNITED KINGDOM SA48 7DY

Printed in the United States of America

"Il n'y a pas de peuple sans culture."
(Lévi-Strauss)

Table of Contents

Copyright Acknowledgments

Alexis: "L'Inspecteur d'apparences" in *Anthologie du fantastique*. Paris: Gallimard, 1977.

Carbet: "Le chat jaune" in *Braves gens de la Martinique*. Paris: La Cité du Livre, 1957.

Ceriote: "Alexandrine Boigris" in *Présence africaine* 121-2 (1982): 303-6.

Condé: "La châtaigne et le fruit à pain" in *Voies de pères et voix de filles*. Paris: Maren Sell, 1988.

Damas: "Les trois frères" in *Veillées noires*. Montréal: Leméac, 1972.

Depestre: "Un retour à Jacmal" in *Alléluia pour une femme-jardin*. Montréal: Leméac, 1973.

Hyvrard: "Station Opéra, six heures du soir, pendant des mois" in *Présence africaine* 121-2 (1982): 375-77.

Juminer: "Le résistant" in *AWA: La revue de la femme noire*. 1 (octobre 1972): 25-26.

Lacrosil: "Noël à Masselas" in *La revue gaudeloupéenne* 14 (novembre-décembre 1947): 25-31.

Magloire-Saint-Aude: *Veillées*. Port-au-Prince, Imprimerie de Renelle, 1945.

Morand-Capasso: "Aïcha la petite Indienne" in *Biguines*. Paris: Librairie de l'escalier, 1956.

Roumain: "Préface à la vie d'un bureaucrate" in *La proie et l'ombre*. Port-au-Prince: La Presse, 1930.

Tardon: "Un bon fils" in *Bleu des îles: récits martiniquais*. Paris: Fasquelle, 1946.

Zobel: "Mapiam" in *Laghia de la mort*. Paris: Présence africaine, 1978.

Preface

This anthology of francophone stories from the Caribbean will be of interest to a wide variety of readers: French teachers in search of new, accessible materials, specialists in francophone studies, comparatists, ethnologues, social historians, and finally, anyone conversant in French who seeks stimulating and entertaining reading.

While there are other francophone anthologies available, the unique feature here is that none of these texts is a mere extract; each piece constitutes a complete, unabridged entity. As for the selection of authors and stories, the collection offers a rich assortment of themes, styles and geographic settings. Furthermore, despite the fact that the feminine voice of the woman writer in francophone countries is just beginning to be heard, nearly half of the selections in this anthology are by women.

Although these narratives can be read in any order, I have arranged them more or less chronologically. A short introductory essay situates them in their historical and literary contexts. Sample questions and discussion topics have been included to guide students in comprehension and interpretation. I have also provided a brief biographical sketch of each author. Suggestions for further reading, a glossary of regional and dialectical expressions, along with explanations of a few geographic and historical allusions round out the accessory materials. For quick reference, asterisks mark the words found in the glossary.

I would like to thank those who have assisted me in preparing this work: the staff of the Hamilton College library, especially Lynn Mayo and Joan Wolek, who tracked down texts; experts in the Computer Center, who introduced me to the mysteries and wonders of scanning; Françoise Davis, who proof-read;

Vanessa Vogel, who helped with formatting; Giovanna Suhl, who researched Haitian creole; Jean D'Costa, who furnished valuable references; and Patricia Francis Cholakian, who copy-read the manuscript.

Introduction

Et c'est en grinçant horriblement des dents que nous supportons l'abominable système de contraintes, et de restrictions, d'extermination de l'amour et de limitation du rêve généralement désigné sous le nom de civilisation occidentale.

Légitime défense.

HISTORICAL BACKGROUND

The Antilles, a lunar-shaped group of islands situated between the Atlantic Ocean and the Caribbean Sea, were populated successively by two Amerindian peoples: first, the peaceful Arawaks, and then, the more aggressive Caraïbes. Except for scattered remnants, principally on the South American continent, both have vanished, leaving little trace besides a few archeological vestiges and still fewer linguistic after-effects.

The search for wealth and political prestige during the Renaissance gave rise to immense expansion beyond Europe's natural geographic boundaries. All the super-powers of the time sent their navigators and eventually their political adventurers to assert their authority in distant colonies. France was also inevitably drawn to the riches of the New World.

"Francophonie," a term coined by the nineteenth century geographer Reclus to identify the regions under French linguistic and cultural influence, traces its beginings to these early attempts at colonial expansion. In the Caribbean this means Martinique, Gaudeloupe, Haiti, and French Guiana.

In 1635 Pierre Belain d'Esnambuc claimed the island of Martinique for the French Crown. For a time Martinique actually belonged to a nobleman, Jacques du Parquet, before it was bought back by the government of France. Since the end of the Second World War, Martinique has been designated administratively as a *département d'outre-mer* or DOM. It is perhaps the most Europeanized of the French Antilles and most assuredly the most sought out as a resort area by the French leisured classes. Its mild climate, perfect beaches, beautiful scenery and exotic vegetation attract large numbers of tourists every year.

Guadeloupe, originally called by the Arawak Indians "Karukera," also boasts of French ties dating back to the early seventeenth century when the *Compagnie des îles de l'Amérique*, created by Richelieu, established a colony there. The island was mostly settled by "engagés," expatriots whose passage was paid by the government on condition that they remain in the colonies for at least three years. Today, Gaudeloupe is also a *département d'outre-mer*, and like Martinique, strives to promote the tourist industry in order to augment its restricted insular economy.

Haiti, from an Arawak word meaning "land of mountains," was among the first islands discovered by Columbus during the crossing of 1492. Sailing under the Spanish flag, the explorer rebaptised the island Española, but it was not long before it too fell under French sway. The colonists began to settle on the western side of the island in the seventeenth century, and The Treaty of Ryswick of 1697 finally ceded that end of the island to France. Of the francophone islands, Haiti's history is among the most interesting. Since the small territory was given political autonomy in 1804, it became the first independant black nation in the world. Despite its political autonomy, however, Haiti has never cut itself off entirely from its French roots.

French Guiana is the third of the French *départements d'outre-mer* in the New World. Although it is actually situated on the northeastern coast of South America, it shares the heritage of the francophone islands of the Lesser Antilles. It was Colbert, the far-sighted minister under Louis XIV, who grasped the commercial potential value of the colonies and worked to establish a firm presence in them. For too many years, Guiana's image was tarnished by the fact that it served as the nation's colonial penitentiary, pejoratively referred to as the "guillotine sèche." As such, it became the home of many famous exiles, among them Alfred Dreyfus, falsely condemned for treason. No longer a place of banishment as of 1968, Guiana is now an important space center used for missile-tracking.

These regions all enjoy a tropical\equatorial climate, with a long, dry period called *carême* or lent, and a wet season from late summer into fall. All are also subject to violent hurricanes during the rainy season, and all produce lush, exotic vegetation. Wide-spread, desperate poverty also ties these areas together. Without exception, each is handicapped by a serious export-import imbalance, and each has in recent years suffered the loss of its economic power-base as the sugar-beet industry has challenged the hegemony of cane sugar.

They also share the tragic history of the *Traite des Noires*, the slave trade brought about by the need for cheap labor on the sugar plantations or *habitations**. In the wake of the Revolution, Napoleon briefly freed the slaves of the French colonies, but ironically his marriage to a Martiniquaise, Marie-Joseph Rose Tascher de la Pagerie, caused him to reverse his decision. Slavery was not offically abolished therefore until 1848.

But even after the nightmare was over, a small white minority, the so-called *béké**, continued to exploit the black majority. And when they encountered resistance, in the second half of the nineteenth century, the white plantation owners imported asiatics from the Indian sub-continent to fill the labor gap. Incidentally they also aroused hostility among the original people of color. Although the interchange of racial characteristics has produced a wonderful diversity and richness of types, it is sad to note that the island inhabitants themselves have often maintained a kind of color hierarchy of their own.

One cannot separate the history of slavery from that of colonial rule; together the two have shaped the mentality of the French Antilles. A precarious administrative *modus operandi* still ties the several islands and Guiana to the *métropole**, which often functions more like a parent than a true partner. Recent island history has been marked by social unrest, and demands of redress for a long list of grievances, all exacerbated by economic insufficiency.

In short, to speak of Caribbean history is to point to the inexorable agony that results in the loss of self-esteem. Colonization and the slave trade have not only bred racial diversity but what the Caribbean-born psychiatrist Frantz Fanon has identified as the collective inferiority of the socio-economically-submerged. He has argued that the only way out of this is pride in "l'expérience du vécu nègre," nationalism, and--if need be--revolution.

Indeed, at first, the search for black identity became synonomous with the quest for a common African heritage, giving birth in the pre-war years to the movement known as *Négritude*. Two of its founders, Aimé Césaire and Léon Damas, were from the Caribbean. A more recent polemic speaks of *Créolité* or *Antillité*, which accepts as its motivating premisse the syncretism of the Caribbean experience. It preaches the need to conciliate written (European) and oral (Afro-Caribbean) traditions of expression (Glissant). It no longer alludes to "notre" but "*nos* histoires." Many of the younger intellectuals find encouragement in the very fact of their cultural diversity: "Car le principe même de notre identité est la complexité" (Barnabé et al). Their aim is to transform what has been perceived as weakness into strength.

SHORT FICTION: FORM AND STYLE

It is not always easy to cull out the characteristics of an indigenous tradition. But the most obvious place to look for the literary roots of *Créolité* may be in short fiction. In the francophone literature of the Caribbean, it is the short story, or *conte* that links European genres to the oral narratives of the island peoples. The African *griot**, a kind of actor, historian, and moralist all in one, gives cohesion and meaning to the community by recounting deeds of magic and heroism. In the African diaspora, story-telling evolved from this tradition, imperceptibly blending conversation and narration. The earliest story collections therefore, those of Léon Damas (*Veillées noires* 1944), Birago Diop (*Les Contes d'Amadou Koumba* 1947) or Bernard Dadié (*Le pagne noir* 1955) are the closest to oral traditions.

But the short story took a long time to emerge in written form and when it did, it frequently lost much of its original spontaneity and flavor. Since, moreover, literacy was not widespread, its writers were forced to create in a foreign language for a foreign readership.

The narrative art of several of the tale-tellers represented here suggests however, the presence of the original griot's live audience. Damas' allegorical tale begins in the familiar, fabulistic oral style: "Au commencement, il n'y avait que des Nègres." It also retains the repetition and parallellism that characterize narratives of its type. With slight variations, each brother is made to "courir, courir, courir...vers la fontaine." Many stories are set within a kind of frame device that hints at story-telling by the fire-side. The Carbets' tale, for example, begins with a rather elaborate double frame, before it finally embarks on the story of the mysterious Fonsine. The first-person narrator in Lacrosil's story substitutes her voice for the tale-bearing messenger who recounts the melodramatic events at Masselas.

Griots frequently used irony to make their point. In Depestre, this trope often takes the form of comic neologisms, as when he refers to the "escalade motophallique" of his doctor hero, Hervé Braget. Roumain's irony on the other hand is sadder and more cutting. When he describes the anguish of his hero Michel Rey, he may well be speaking about his own pain as an artist trapped by societal pressures. Tardon's story of father\son sexual ambitions pokes fun at the Caribbean male's obsession with erotic conquest. In his story about the war years in the colonies, Juminer develops a poignantly ironic interplay between personal failure and political injustice.

Touches of local color add a special flavor to many of these Caribbean tales. Some authors deliberately sprinkle them with creole words and phrases. Alexis, Condé, Lacrosil, Morand-Capasso and Zobel insert lively speech patterns. Elphège's curious comments in Juminer's "Le Résistant" are a particularly interesting example of a local style of expression.

These francophone tales can also be read from an ethnological viewpoint. Of the fourteen stories here, all but one take place in the Antilles. They reveal much about local customs, sexual mores, class conflicts, race relations, slave history, life styles, and even death rituals.

On the other hand, it is clear that these Caribbean writers have been influenced by European literary traditions. Alexis' text uses the descriptive techniques of nineteenth-century authors like Balzac and Maupassant. Depestre, Condé, Lacrosil, Roumain and Tardon take pains to situate events in particular physical settings. Orality of plot and dialogue sometimes gives way to verbal dexterity. Characterization may also be complex, with subtle analyses of jealousy, anger, deception, cunning, intemperance, and intolerance, as well as affection, trust, courage, and good will.

For the most part, the style is direct and accessible. These stories tend to have a clear beginning, middle and end. Two exceptions, however, are noteworthy. Magloire-Saint-Aude and Hyvrard write in a manner suggestive of European surrealism, in which prose and poetry overlap.

SHORT FICTION: THEMES

Historical reality plays a crucial role in much of this short fiction, especially in its preoccupation with alienation and ethnic identity. Many of these tales reflect the need to define a black identity. In some instances the theme of alienation is integrated into the wider struggle against abusive power structures. Certainly authors like Alexis and Roumain saw themselves as engaged in a class war which went beyond color.

Love and passion are another narrative topos. But an environment that deprives men of self-esteem and forces women to bear the brunt of family responsibility lends a distinctive flavor to the otherwise banal plot of physical attraction. In Tardon's comi-tragic narrative, for example, virility both binds and separates father and son. Depestre's tale of a sex-driven doctor demonstrates that a European education does not alter the more fundamental need to authenticate oneself through the exploitation of women.

In the feminine voice, if Morand-Capasso's romance reduces the woman to sexual object, it also makes the male seducer pay dearly for his act. And Condé's touching tale of a father who enlists his own daughter in the pursuit of young flesh, ends with a humiliating blow to male pride.

The Caribbean preoccupation with the supernatural is also present here. The role played by voodoo in these tales is not the result of unsophisticated superstition, however, but proof of the importance of the spirit world in a culture rooted in African animism. Carbets' "Le Chat Jaune" shows good spirits confronting bad ones. Lacrosil's "Noël à Masselas" pits supernatural power against political helplessness. In Alexis' "L'inspecteur d'apparence" good combats evil in a drama replete with mysterious animals and apparitions. The larger-than-life cat also appears in at least two authors' works, the stories by Carbet and Ceriote.

Readers who are discovering for the first time the fiction of the French Antilles will come away with a sense of having been on an imaginary voyage to another place. Yet they will also experience a feeling of closeness to its people, first because of their common humanity, and second because there is nothing more universally satisfying than a story well told.

ROUBEN C. CHOLAKIAN
HAMILTON COLLEGE

Suggested Readings

Arnold, James A. *Modernism and Negritude: The Poetry and Poetics of Aimé Césaire*. Cambridge: Harvard UP, 1981.

Barnabé, Jean, Patrick Chamoiseau, and Raphaël Confiant. *Eloge de créolité*. Paris: Gallimard, 1989.

Berrian, Brenda F. *Bibliography of Women Writers from the Caribbean*. Washington, D.C.: Three Continents, 1989.

Berron, R., and P. Pompilus. *Histoire de la littérature haïtienne*. 3 vols. Port-au-Prince: Editions Caraïbes, 1975-77.

Brown, Karen McCarthy. *Mama Lola: A Vodou Priestess in Brooklyn*. Berkeley: California UP, 1991.

Chevrier, Jacques. *Littérature nègre*. Paris: A. Colin, (1984) 1990.

Condé, Maryse. *La parole des femmes: essais sur des romancières des Antilles de langue française*. Paris: L'Harmattan, 1979.

Cottenet-Hage, Madeleine and Maryse Condé. Eds. *Repenser la créolité*. Paris: Editions Karthala: 1995.

Corzani, Jack. *Littérature des Antilles-Guyanes françaises*. 6. vols. Fort-de-France: Désormeaux, 1978.

Fanon, Frantz. *Peau noire, masques blancs*. Paris: Seuil, 1965.

Glissant, Edouard. *Le discours antillais*. Paris: Seuil, 1981.

Herdeck. Donald E. Ed. *Caribbean Writers: a Bio-Bibliographical Critical Encyclopedia.* Washington, D.C.: Three Continents Press, 1979.

Hoffmann, Léon-François. *Haïti: lettres et l'être.* Collection Lieux dits 1. Toronto: Gref, 1992.

Jobert, Jean-Louis, Jacque Jecarme, Eliane Tabone, and Bruno Vercier. *Les littératures francophones depuis 1945.* Paris: Bordas, 1986.

Kesteloot, Lilyan. *Négritude et situation coloniale.* Yaoundé: Editions Clé, (1968) 1970.

Nougayrol, Pierre, et. al. *Dictionnaire élémentaire créole haïtien-français.* Port-au-Prince: Editions Caraïbes, 1976.

Ormerod, Beverly. *An Introduction to the French Caribbean Novel.* London: Heinemann, 1985.

Paravisini-Gebert, Lizabeth and Olga Torres-Sedda. *Caribbean Women Novelists: an Annotated Critical Bibliography.* Westport: Greenwood, 1993.

Valdman, Albert. *Le créole: structures, statut et formation.*Paris: Klincksieck, 1976.

Viatte, August. *Histoire comparée des littératures francophones.* Paris: Nathan, 1981.

Zimra, Clarissa. "Righting the Calabash: Writing History in the Female Francophone Narrative." *Out of the Kumbla:Caribbean Women and Literature.* eds. Carol Boyce Davies and Elaine Savory Fido. Trenton: African World Press, 1990.

Jacques Roumain

(1907-1944)

Roumain was the son of elitist parents who gave him all the advantages of wealth and social prominence. But while some of his earliest output smacked of stereotypical regionalism, Roumain soon evolved into a full-fledged Marxist, defying his privileged background and even founding Haiti's first Communist party. From regionalist writer he evolved into political proselytizer. In both his novels, *La montagne ensorcelée* (1931) and the posthumous *Gouverneurs de la rosée* (1944), Roumain preached the coming of the revolution. Despite his very short career, Roumain left such a mark on his times that he easily ranks as one of the major writers of the Caribbean. In this short story, taken from his first collecton of fiction *La proie et l'ombre* (1930), Roumain expresses the strong anti-bourgeois ideology that would come to characterize his entire opus.

Préface à la vie d'un bureaucrate

Michel Rey, en se réveillant, vit un jour sale se glisser à travers les persiennes. Il sourit de ce sourire qui lui était particulier: une sorte de rictus douloureux, qui tirait ses lèvres d'un côté par deux rides divergentes, et suivant son habitude il se demanda aussitôt pourquoi il souriait à cette lumière morte, à cette chambre aux pauvres meubles prétentieux dont sa femme était fière et où flottaient, mêlés, l'odeur d'un parfum violent et celle, âpre, de son pardessus en caoutchouc mouillé par l'averse qui l'avait surpris en rentrant au petit jour, et qui transpirait encore des gouttelettes espacées.

En voyant la petite mare à demi séchée qui faisait une tache sombre sur le plancher, Michel sourit à nouveau. Et cette fois il en savait la raison.

Il y avait cinq ans... il se rappelait le jour de son retour en Haïti. Le soleil de midi domptait une mer silencieuse remuée de vagues douces et sans écume. Une joie profonde le possédait: dans la foule anonyme qui montait sur le pont en se bousculant sur l'échelle étroite: visiteurs, porte-faix, parents, il se reconnaissait enfin, se sentait l'écho heureux de ce monde noir, écoutait fondre en lui la glace amassée en Europe, disparaître de son coeur ce qu'il nommait avec amertume "le grand silence blanc" et qui était l'abîme racial que là-bas ses amitiés, ses amours, ses relations, n'avaient pu combler. Maintenant il était parmi ses frères et son peuple. Il aurait voulu s'agenouiller, baiser cette terre chère.

Brusquement, le port dansa devant lui dans un brouillard de larmes.

Ses parents qui l'entraînaient vers la ville l'accablaient de questions. Il essayait de répondre, mais il aurait voulu se séparer d'eux, marcher seul, dans une extase solennelle, et étreindre cette marchande de mangues qui passait, portant ses fruits sur la tête comme une reine sa couronne, les reins cambrés, le pied sûr et les raisins mauves, mûrs, de ses seins crevant l'étoffe bleue de sa robe grossière, oui, l'étreindre, fortement et lui dire: "Soeur!"; prendre dans ses bras cet enfant déguenillé qui tendait la main à un touriste américain, le presser sur son coeur: "Frère, petit frère!..."

...A une pendule tinta une heure quelconque. Michel retomba dans le présent. Il devait être tard, puisque sa femme n'était pas auprès de lui. Il se leva, très las, commença à aller par la chambre, à s'habiller, et songeant de nouveau à son passé, résuma: J'ai étreint la vie trop fort, trop bien. Je l'ai saisie à la gorge, étouffée...

Comme il achevait de se vêtir, on frappa à la porte. La servante entra pieds nus, les yeux baissés, et avec l'air sage des petites bonnes qui vont à la messe de quatre heures, annonçait que Madame Ballin était en bas, oui.

Madame Veuve Ballin est la belle-mère de Michel. Il déteste cette grosse femme qu'enveloppe une graisse jaune comme de la mantègue gâtée, dans des robes funèbres que d'énormes camées n'arrivent pas à égayer. Sa tête petite, osseuse, monstrueusement en disproportion avec le corps énorme et dont les méplats ne saillent, semble-t-il, que pour dégager le bas du visage que fend une bouche large, mince et qui découpe les mots comme un couperet, lui inspire une répulsion que Madame Ballin ne comprendrait pas. Elle est fière de son visage aigu; quand elle y fait allusion, elle a une manière cocasse et orgueilleuse de dire: "J'ai vaincu l'atavisme", qui signifie que ses traits n'ont rien gardé d'africain. Elle est bien la fille de Madame Ochsle, cette mulâtresse qui ayant épousé un teuton de piètre origine mais devenu quelques années plus tard commerçant richissime, ne se désignait jamais autrement qu'ainsi: "Nous autres dames allemandes!"

Michel la hait durement et l'aime à la fois d'une tendresse vague. Il ne peut se passer d'elle. Elle est sa revanche sur cette société port-au-princienne, corrompue, hypocrite, bassement bourgeoise, qui le brisa et qu'elle synthétise parfaitement. Il éprouve une joie mauvaise, exaltante à la blesser, lui faire mal, et il y parvient toujours et facilement parce que Madame Ballin toute superficielle, s'y prête d'elle-même.

Il sait que ses propos seront répétés dans les salons où, côte à côte assemblées, raidies dans leurs corsets 1880 et bouleversées par la bile, les Parques de

Turgeau et du Bois-Verna*, décident du bonheur d'un jeune ménage, ou de la réputation d'un honnête homme.

Et de songer que ses sarcasmes ne seront ignorés de personne, répandus par ce procédé stupéfiant que les Haïtiens appellent le télégueule, il éprouve un grand contentement.

La haine de Michel Rey pour sa belle-mère, est peut-être le seul sentiment puissant qui lui rende la vie supportable. Il s'y agrippe comme un noyé à une racine et si, d'aventure, il lui arrive de penser que Madame Ballin mourra un jour, il sait d'une façon certaine qu'il pleurera à son enterrement.

Michel descend au salon sans veste et les pieds enfouis dans de vieilles, larges babouches. Sa belle-mère lui a dit un jour: "Mon cher gendre, il est inesthétique d'être *en bras de chemise*." (Elle adore les mots qui se terminent en ique et en isme qu'elle ne comprend pas bien, mais qu'elle trouve distingués.) Elle sera furieuse.

Il s'en réjouit, car il y a en lui quelque chose de puéril qui n'est point un indice de fraîcheur mais ce qui lui reste d'une jeunesse où ne subsiste aucune candeur.

Au fond, il ressemble assez à ces enfants maltraités, battus, que leur jeunesse conserve espiègles mais qui n'ont plaisir que de farces méchantes où leur amertume trouve nourriture.

Madame Ballin déborde des deux côtés de sa chaise et elle a remonté ses verres de son nez sur son front large et bas. Michel qui lui a souhaité le bonjour l'écoute parler de choses insignifiantes et l'examine avec attention. Il sent qu'elle calcule l'élan d'une phrase venimeuse, tassée sur elle-même comme un gros serpent à lunettes prêt à bondir.

--Jeanne n'est pas là?

--Non.

__Je vous trouve mauvaise mine. Vous travaillez beaucoup, n'est-ce pas? C'est ce que tout le monde dit.

--Mon Dieu, si tout le monde le dit, je n'ai aucun motif de ne pas le croire.

__Oui, on attend votre roman annoncé. Il paraît que ce sera un chef-d'oeuvre. Vous vous documentez si bien.

Michel ne répond pas.

--Vous êtes poli depuis que, sous prétexte d'étudier l'âme du peuple haïtien, vous fréquentez les bouges.

Les visites de Madame Ballin à Michel duraient peu. Il semble que la grosse femme éprouvait le désir de venir voir Michel, de temps à autre, dans le seul but de s'entendre jeter à la face des invectives qui la blessaient mais qu'elle provoquait.

--Vous vous trompez; ce n'est pas là mon but. J'y vais depuis que j'ai assisté à une réception chez Monsieur et Madame Couloute, crème fouettée de l'élite port-au-princienne. La franche crapulerie des uns me console et me délasse de l'hypocrite canaillerie des autres.

--Mon gendre, je ne vous permets pas...

--Fichez-moi la paix, l'interrompt Michel avec une nonchalance douceur. Vous me dégoûtez! Vous tous! Je sais ce que vous cachez sous votre belle apparence, votre aristocratie, etc. etc. Elles sont la robe luxueuse qui couvre la chair malade de la prostituée. Je vous répète que j'en ai assez de votre vie. Votre tourbillon mondain ne me tente pas. Je n'ai aucune envie de tourner dans le vide.

--Ah! on devine aisément à quelles rencontres vous devez ces idées. Dire que j'ai donné ma pauvre fille à un être pareil!

--Peut-être eussiez-vous mieux fait en la mariant à un de ces intéressants petits messieurs types standard bien sages, à l'abri des excès, soupapes de sûreté marque Tartufe garanties, que j'ai eu le désespérant honneur d'apercevoir quelquefois si gentiment assis dans votre salon, s'intéressant généreusement aux oeuvres de bienfaisance et au progrès général de l'humanité, joignant les mains sur les cuisses avec ce geste touchant qui laisse prévoir que plus tard, quand ils seront devenus chefs de division ou membres du conseil de fabrique, ils n'auront qu'à avancer et arrondir les bras pour tourner les pouces sur un vertueux petit bedon barré d'une chaîne d'or à breloques. Madame Veuve Ballin, Madame Veuve Ballin, que n'avez-vous choisi pour Jeanne ce haut idéal des mères de famille haïtiennes!

--Ils valent mille fois mieux que vous, crie Madame Ballin.

Sa figure, verte de colère, sue une huile qui ne coule pas! Michel qui la regarde avec curiosité se demande comment son visage desséché peut sécréter tout ce gras. Il réplique avec calme: "Alors, ils ne valent pas grand'chose", se lève pour sortir de la pièce, heureux d'avoir provoqué cette rage.

Hors d'elle-même, sa belle-mère hurle:

--Vous ne respectez rien, vous êtes maudit.

Et plus haut, prophétique

--Vous irez en enfer!

--Merde! répond Michel avec bonhomie, et il remonte dans sa chambre.

Mais là, il regrette presque aussitôt d'être parti si vite, la mémoire lui venant d'autres choses blessantes qu'il eut pu dire, et il se console en décidant d'aller le lendemain même au "*Tout Bon Marché*" où sa patricienne de belle-mère tient un assez florissant commerce de quincaillerie.

II

Il noue sa cravate penché à la fenêtre comme sur un miroir. Au bas de cette villa de Bolosse, la mer s'étale grise, encore mal lavée, comme une tôle ondulée, au large des bouquets de palmiers, ces plumeaux à épousseter les grains de pluie.

Ce paysage océanien depuis longtemps ne l'émeut plus. Il regarde maintenant la mer avec les yeux du pêcheur qui déplore n'avoir point de ligne. Une fibre s'est cassée, net en lui. Comment pêcher sans elle ce rare gibier, l'enthousiasme?

Michel Rey pense que désormais sa vie se déroulera semblable à ce va-et-vient aquatique, amer et monotone: sans belles tempêtes; il est en pleine plongée et n'a plus la force de remonter à la surface. Sa descente se poursuivra lentement jusqu'au jour où, étendu au fond du trou, il ne sera plus remué par les vagues humaines.

Pour tromper l'attente de cet apaisement final, il lui reste à injurier sa belle-mère, à rendre sa femme malheureuse et à boire des cocktails multicolores.

--Continuons donc notre intéressante journée, soupira-t-il, en allant prendre l'apératif chez Horatio Basile.

Celui qui répond à ce prénom shakespearien, est un "fils de famille" revenu en Haïti depuis quelques mois, après un séjour en France où il avait été faire des études de droit. Avec cinq mille francs mensuellement, il est facile de rater ses examens. Horatio Basile échoua au premier, et, comme il était fort persévérant, il récidiva. Bréville Basile, gros spéculateur en café et homme de sens pratique, manda immédiatement à son fils un chèque dépourvu de zéros et l'ordre impérieux de prendre le premier bateau en partance. Horatio s'arracha avec douleur des bras de sa petite amie, et s'embarqua (en bon Haïtien) avec quelques complets de confection et une suggestive culotte-combinaison comme souvenir. Mais il n'était pas encore arrivé aux Açores que M. Basile père, faisant montre d'un esprit dont on l'eût cru incapable, mourait, lui laissant une trentaine de maisons et deux cent vingt-cinq mille dollars gagnés dans le commerce des denrées et à la douane du Petit-Goâve*.

Quelques vastes propriétés plantées en caféiers et qu'il est en train de liquider le retiennent, loin de la place Pigale, sous notre ciel tropical, où il mène une vie désoeuvrée, scandaleuse et noble.

Au physique, il réalise très bien le type de grimaud que l'Haïtien appelle "mulâtre forcé": long, étroit, un visage effilé de la couleur de nos rouges cruches d'eau et qu'on croit toujours apercevoir de profil, dominé par un front court où se rebellent des cheveux roux et crépélés; le cou en goulot de bouteille, où monte et descend sans arrêt comme le mercure dans le thermomètre, une pomme d'Adam volumineuse et qui pointe, il fait songer par sa démarche hésitante, désaxée par des pieds trop longs, trop lents pour les mouvements désordonnés des bras à un énorme crustacé.

Il a trois passions: les autos, les gramophones et Michel qu'il avait voulu connaître après lecture de son manifeste dans la revue *Le Crocodile* : "Lamartine, le crocodile-poésie et la nouvelle littérature Afro-Haitïenne."

Michel s'était énormément amusé de cette présentation au cours de laquelle Hortio lui avait dit:

--Je vous comprends parfaitement, Monsieur Rey. Il faut détruire nos saules pleureurs, les cocotiers; nous devons désormais porter ces paysages en nous, n'est-ce pas; les palmiers, par exemple, ne doivent plus nous servir à faire indigène, nous devons les planter, si j'ose dire, dans notre âme.

--Absolument, avait répliqué Michel, avec un sérieux mortel, mais il ne faut pas oublier le tambour nègre que l'on fabrique, comme vous le savez, avec la peau des ânes.

Puis, s'étant attaché l'héritier de Bréville Basile, il passait chaque midi prendre ses cocktails chez lui et lui soutirait aux derniers jours du mois des sommes assez importantes.

III

--Salut Horatio!

--Allô!

Quand Michel est entré, Horatio dansait, entre un buffet bien garni de flacons et de cocktails-shakers, un immense divan, et neuf gramophones de modèles différents alignés par rangs de taille comme ces photographies de nombreuses familles qu'on nomme " en escalier"*.

Il était déjà très ivre. Son nez captait les lumières; une flamme, dans son regard tournoyait incertaine, et que l'humidité de l'alcool allait bientôt éteindre.

Tous les gramophones jouaient en même temps: moulins à moudre à domicile le noir café du cafard.

Michel alla de l'un à l'autre et avec le geste bref d'un père qui distribue des taloches, les arrêta. Ils se turent, enfants bien sages.

--Imbécile, dit-il, en se versant un plein gobelet de manhattan, et il sourit avec mépris.

Horatio essaie de fixer les yeux sur un monde trouble et boiteux où seul Michel se tient droit préparant une seconde boisson au milieu de ce nouveau miracle, la multiplication des gramophones. Sa langue a grandes difficultés à se décoller d'une glue tenace; il articule enfin avec un stupéfiant accent anglais:

--Pourguôôa?

Les yeux mi-clos, Michel boit; à chaque gorgée une araignée fait un bond vif vers son cerveau en tirant les fils désembrouillés de sa pensée.

Son verre pour la quatrième fois vide, il parle:

--Tu n'as jamais vu une paysanne descendre les sentiers en lacets rouge-vineux, de nos mornes. Elle passe entre les bananiers déchirés par le vent et qui penchent, les manguiers muscats lourds du miel de leurs fruits, les baobabs aux branches desquelles se meuvent des écharpes de parasites, les mapous* sacrés aux racines tentaculaires; elle passe comme une danseuse sur une corde, le buste haut et ses bras balançants font houler ses larges hanches *dolce armonioso*. Parfois, elle heurte de son pied dur une pierre qui roule sur la pente en sautillant *decrescendo*. Musique!

J'ai vu au seuil d'une case un rustre frappant sa femelle de son gourdin, en mesure, comme un joueur de tam-tam, et la suppliciée se laissait prendre au rythme du bâton sur ses épaules et dansait, et hurlait et chantait sa douleur.

J'ai vu à Amsterdam, deux acrobates nègres, fauves enfin nus, pendus au trapèze comme une double-croche. La musique s'était tue impuissante, car, déjà, par leurs corps moirés de sueur, leurs jambes nerveuses, et leurs bras solides où se raidissaient les cordes de leurs muscles, ils étaient un psaume magnifique et insolent à la vie.

Quand ils descendirent de leur sommet et sourirent, leurs âmes naïves jouaient sur le clavier de leurs dents éblouissantes!

Mais toi, Basile, et imbécile, âne incompréhensif...

Il s'arrête: quel brusque insecte zigzague en vrombissant dans le silence tombé? Horatio étendu sur le divan, dort, jambes écartées. Ses lèvres humides qui s'ouvrent et se renferment, emprisonnent et libèrent les abeilles bourdonnantes du ronflement.

IV

Jeanne l'attendait dans l'humble salle à manger. Il vit ses yeux obscurs et tristes.

--Mère m'a raconté...Oh! Michel, pourquoi?

Elle est douce et plaintive contre lui. Il caresse ses cheveux: Comprendra-t-elle, mon Dieu, cette haine terrible de moi-même qui exige que je tourmente ceux que j'aime?

--Oh! Michel, Michel, comme tu es malheureux!

Il la berce:

--Mon petit, mon tout petit.

--Michel, écoute...

Il l'apaise d'une caresse: Ses deux enfants assis sur un petit tapis de paille de latanier, s'amusent à découper des bonhommes dans un catalogue de grand magasin. Ils ne lui ressemblent pas. Comme ils lui sont étrangers! Quand il veut les prendre dans ses bras, ils pleurent.

Voici sa prison: cette maison; et les grilles de sa geôle: sa femme qui ne le comprend pas, et ses enfants qui le craignent et ne l'aiment pas.

Toute sa vie future se lève devant lui comme un horizon étroit, ainsi qu'un écran épais derrière lequel la vie, une vie puissante et belle, serait tapie, hors de son atteinte.

Ah, est-ce possible que ce soit là son sort irrémédiable, d'être cet homme grisonnant, cassé de corps et d'âme assis dans la chambre laide et mesquine que voilà, auprès d'une soupière qui fume et une compagne vieillie et engraissée?

Un ricanement intérieur le déchire:

--Tout son avenir: L'attente des rhumatismes!

C'est elle maintenant qui le console d'un bercement tiède.

Il s'appuie à son épaule, presque vaincu, et déjà une molle persuasion s'insinue en lui.

Il s'abandonne à cette voix lâche qui lui dit: Cède, cède donc. Cède au calme courant. Les victorieux sont seuls, ceux qui savent ceci: avoir la froide et insensible patience de l'épave. N'aie point vergogne d'échouer, car ce sera au port d'un normal bonheur. Et puis n'es-tu pas ridicule, de prétendre jeter ta pauvre flamme dans les flots infinis de la vie. En vérité incendier la mer avec une allumette. D'ailleurs, qu'es-tu pour vouloir devenir un vainqueur? Lance un regard derrière toi, et le dégoût submergera ton coeur débile. La politique t'attira un temps; tu ne fus jamais qu'un démagogue puéril; tu te croyais littérateur (tu le crois encore), tu écrivis des manifestes, des poèmes et un livre que personne ne lit. Tu es un pitoyable petit bourgeois conscient de ta laideur et de ton impuissance. Cette claire vision de toi-même, voilà ton seul mérite. Le jour que tes pareils ne seront plus aveugles, se révolteront contre eux-mêmes, il y aura au monde un troupeau immense de mécontents aigris et superbes qui se croiront des génies méconnus.

Allons, ressaisis-toi: tu es ce qu'on appelle un type qui a tout ce qu'il faut pour réussir: famille honorable, pas de loyer, et une place offerte au Département de l'Intérieur. Accepte cette fonction: cent-vingt-cinq dollars par mois, tes dettes payées, la gêne disparaît de ton foyer, tes enfants sont heureux, tu renoues tes relations, te réconcilies avec ta famille, et c'est le bonheur, la vie ouverte devant toi.

Tu as lutté. Tu as voulu. Tu n'en peux plus: à quoi bon livrer un combat dont on se sait à l'avance victime?

Et voilà que sa femme parle:

--Ecoute, Michel, j'ai vu maman. Elle m'a dit qu'elle a causé avec Pralier, tu sais bien, Pralier, l'intime du ministre. Le ministre lui a dit *comme ça*: "Dites à Madame Ballin que nous sommes entièrement disposés à accueillir son gendre. Qu'il nous écrive une lettre sollicitant la charge en question." Michel, pense à ta femme, à tes enfants, à notre misère. (Et avec un sursaut de révolte:) Toutes mes amies sont mieux habillées que moi! Accepte Michel, cela te coûte si peu; au fond, tu seras aussi libre qu'avant, et rien ne t'empêchera de penser à ta guise. Mais vois, je suis jeune encore, j'aime le monde, et je vis en recluse comme une pauvresse. Je t'en prie, je t'en supplie, accepte.

Elle parle, elle parle; lui s'enlise dans une fangeuse lassitude.

Mais pour Dieu, qu'elle se taise. Il est perdu, c'est vrai, et brisé, mais que cette femme cesse de marchander son bonheur au prix de son âme à lui.

Il la repousse, se lève...

--Michel!...

--Tais-toi!

Sa voix a perdu tout éclat...La douleur qui creuse étrangement son visage, ouvre des profondeurs de désespoir dans la flamme de son regard.

Et il s'en va, ridiculement droit commme un ivrogne qui ne veut pas tituber.

V

Un pauvre bureau reçoit sa détresse. Voici ses livres, ses derniers compagnons, mais délaissés aussi, et couverts d'une fine poussière, qui s'envole et joue toute dorée dans un rayon de soleil.

Voici des feuillets blancs entassés sur la table, et puis d'autres couverts de son écriture, jaunie par le temps et l'encre déjà pâlie.

Toute sa vie manquée est là.

La tête entre les mains, il la récapitule:

--Suis-je limité par ma faiblesse ou bien est-ce un désir inhumain qui dépasse les frontières d'un but que je ne veux, que je ne puis me proposer, que lointain!

Au fond, il est possible que tout ceci revienne aux "raisins verts" que je me persuade de dédaigner, de tanguer, tandis qu'en réalité je ne suis point capable du bond qui les mettrait à ma portée.

La question est simple: je suis un raté aux dents agacées par la vie, cette grappe de fruits acides, à laquelle je ne puis mordre.

Mais à quoi me sert cette piteuse analyse? Tout interrogatoire que l'on fait subir à sa vie, laisse subsister la question: Pourquoi? et toute vérité acquise péniblement contient la simplicité de son explication ridiculement, en elle-même.

Ou bien, tout se résume à dire: A quoi bon? et justement "A quoi bon?" n'est pas une question, mais une réponse.

D'ailleurs, n'est-elle pas la preuve, cette analyse, la meilleure, de ma faiblesse et de ma nullité? L'incapable vaniteux fouille sans cesse le vide qui est en lui, possédé de l'espoir farouche (et d'autant plus cruel, qu'il sait cet espoir vain) de se trouver des qualités reconnues. Je crois Carlyle* qui dit que l'homme fort, qui connaît de soi le peu qui soit connaissable, ne doit pas se tourmenter, mais se mettre au travail, et alors: "ce que tu peux faire, fais-le en Hercule". Hélas, je n'ai jamais eu cette fierté: mon orgueil n'était que rancoeur contre moi-même, fiel rejeté sur les autres.

Arrivé à ces moments d'entière et douloureuse sincérité, Michel se sentait comme allégé et plus libre, mais cette délivrance ne durait pas, et bientôt avec angoisse le poison le pénétrer à nouveau et l'étouffer: il était comme un vase qui se vide et se remplit inéluctablement d'angoisse.

Il demeurait immobile. Le front pesant entre les paumes.

--Ah! mettre un terme à tout cela. En finir.

Il ouvrit un tiroir. L'arme était retournée vers lui. Il regarda sa petite gueule noire et luisante.

--Un geste, une simple pression du doigt et à ma trempe, à ma vie, à toutes mes misères, je mets un rouge point final.

Mais il se sentit lâche.

Il ne referma pas le tiroir, mais saisissant soudain une feuille blanche, il commença lourdement, lentement:

Monsieur le Secrétaire d'Etat,

J'ai bien l'avantage...

Léon-Gontran Damas

(pseudonym for L.G.A. Cabassou)

(1912-1978)

Damas is not only the most important writer to come out of French Guiana, he is also one of the prime movers in bringing francophone Caribbean literature to world prominence. Along with Senghor from Sénégal and Césaire from Martinique, he created in Paris what has come to be known as the "Négritude" movement. His first collection of verse, *Pigments* (1937), with its violent rhythms, poetic equivalents of the African tom-tom beat, is a powerful expression of black frustration. But Damas captures the ambivalence and paradoxes of the black francophone world, describing Paris as both the "nombril du monde" and a "sacré foutu pays." Damas served as a député in the French National Assembly from 1949 to 1955 and taught for many years at Howard University in Washington, D.C., where he died in 1978, much admired by colleagues and students alike. The collection *Veillées noires* (1944) was written as a companion piece to his ethnological essay *Retour de Guyane* (1938). It parallels African collections of oral stories. In its seemingly simple language, the little tale, "Les trois frères" represents a provocative allegory of the arbitrariness of racial hierarchy.

Les trois frères

Au commencement, il n'y avait que des Nègres.

A cette époque lointaine, les choses n'allaient pas leur train d'aujourd'hui. Dieu-le-Père, dont on ne redoutait ni l'autorité ni la colère, descendait souvent sur terre, s'entretenait longuement et familièrement avec tout le monde, prodiguant des conseils en homme avisé.

Heureux temps où, se laissant volontiers approcher de tous, il ne regagnait jamais le Ciel sans combler de présents tous ceux qui méritaient de Lui!

Dans le moment d'une de ces randonnées mémorables, trois frères (qui avaient perdu leur mère depuis déjà bon nombre de lunes) pleuraient la mort récentes de leur père. En vérité, il n'était bruit que de leur grande douleur, que de leur extrême détresse. Dieu-le-Père apprenant leur affliction, en fut vivement ému:

--Mes enfants, leur dit-il, je partage--croyez m'en--la tristesse qui vous vient de ce que vous ait été ravi, si tôt, votre père. Je vous rapprocherai de lui. Là-haut, il continue de vivre en brave homme comme il a vécu parmi vous. N'ayez nulle crainte de votre avenir. Je m'occuperai de vous, comme vous le méritez. Quand un homme tel que lui meurt, j'ai accoutumé de ne jamais abandonner sa famille éplorée. Et voilà pourquoi, j'ai préparé pour vous une eau lustrale qui vous fera blancs...comme tous ceux qui sont à mes côtés. Car, vous apprendrai-je ce que plus d'un ignore, à mes yeux, c'est de couleur blanche qu'est le bonheur céleste. Suivez mon conseil en allant vous baigner à cette bonne fontaine. Mais dépêchez-vous. L'eau s'écoule et le flot en sera bientôt tari. Et maintenant, comme il vous plaira.

Sur l'instant même, Dieu-le-Père s'en fut, laissant nos trois frères ahuris, aussi longtemps qu'il aura fallu à l'Aîné pour dire:

--Par la mère qui m'a conçu! Comment peut-on être blanc? C'est que changer de peau doit être une grande affaire. M'est avis que le vieux-blanc se joue de nous. Le procédé me déplaît fort! Puisqu'il en est ainsi, je resterai tel que je suis.

--Moi aussi, je serais tenté de penser comme toi, reprit le Cadet. Mais si Dieu-le-Père nous assure que c'est la chose à faire, sans doute a-t-il de bonnes raisons à cela. Il faudrait voir...

--Tout cela, c'est très joli, déclara le troisième. J'ai l'impression pourtant qu'une peau blanche, toute blanche, doit être agréable à porter. Personnellement, je ferai donc ce qu'a conseillé Dieu-le-Père. Et je vais de ce pas même, me baigner à la merveilleuse fontaine.

Il courut, courut, courut, jusqu'à ce qu'il fût parvenu à l'endroit où sourdait l'eau. Il en restait encore suffisamment pour qu'il pût s'y laver de la tête aux pieds et s'y tremper la chevelure crépue. Sorti de là, il était méconnaissable. Il avait tout le corps blanc, dans les moindres détails, les yeux bleux, les joues roses, les lèvres rouges, la bouche petite, toute petite et le nez mince, tout mince. Quant à sa chevelure et à sa barbe, elles semblaient d'or. Ce qui n'était pas sans ajouter à son charme. Jamais on n'avait vu beauté pareille. A se sentir si beau lui-même, il s'élança par le sentier qui menait à la case, comme s'il se fût allégé d'un fardeau.

Son frère cadet qu'il rencontra, venait sans se presser aux résultats. Un instant atterré, à la vue du blanc, il prit néanmoins le parti d'aller se baigner. Et alors de courir, courir, courir, jusqu'à ce qu'il fût à la fontaine; mais il n'y trouva que de la glaise. Il s'en frotta tout le corps, il devint rouge, il devint Indien.

Quand leur frère aîné les vit tous deux revenir, l'un blanc, l'autre rouge, il se mit à courir, courir, courir...vers la fontaine.

Il eut le bonheur d'y trouver un filet d'eau dont il ne put laver que la paume de ses mains et la plante des pieds. Et comment un mince filet d'eau eût-il suffi à le blanchir?

Obligé de garder sa peau, il s'en retourna chez lui, de fort mauvaise humeur. Il en pleurait encore de rage, de honte, quand Dieu-le-Père surgit tout à coup:

--Voyez comme je suis laid, gémit-il! Et mes deux frères, voyez comme ils sont beaux!... Pour n'être plus des trois le seul noir, donnez-moi de cette eau, donnez-m'en donc un peu.

--Mon enfant, riposta Dieu-le-Père, secrètement ennuyé du tour qu'avaient pris les événements, il fallait m'en croire à la lettre et suivre mon conseil sur-le-champs. Il est maintenant trop tard. Car une même chose, je ne puis jamais la donner deux fois, étant infaillible. Ce qui t'arrive, tu l'auras voulu, tu l'auras voulu toi-même, en doutant de ma parole. Et maintenant que ta volonté soit faite et non la mienne. Et noir, tu resteras noir.

Les considérant tour à tour, Dieu-le-Père ajouta:

--Il me reste cependant un présent à vous faire. Je m'en vais vous donner trois bonnes choses dont moi-même je ne saurais dire laquelle est la meilleure. Approchez donc. Tenez! Voilà: Ici, la Richesse; ici, la Liberté, ici, l'Intelligence. Chacun de vous choisira un de ces dons et prendra bien garde ensuite de ne pas dérober aux deux autres ce qu'ils auront respectivement choisi. Il pourrait, voyez-vous, en résulter de grands malheurs pour le voleur. A votre Aîné de choisir le premier: Je crois que nous lui devons bien ça. Mais auparavant, laissez-lui le temps de réfléchir longuement sur ce qui doit faire utilement l'objet de son choix.

A peine Dieu-le-Père fût-il parti que le Nègre s'écria:

--A moi la Richesse! les gens riches ne sont jamais esclaves. Quant à l'Intelligence, je m'en soucie fort peu.

Ce disant, il se saisit de la Richesse.

L'Indien dit posément:

--C'est la Liberté que je veux. A quoi bon la Richesse si je ne suis pas libre? A quoi peut bien servir l'Intelligence à un esclave?

Voilà donc le Blanc resté avec l'Intelligence...qu'il accepta sans mot dire. Et, comme on se moquait de lui!

Vous n'êtes pas sans connaître la suite?

Avec l'Intelligence, dont on se riait, il ne tarda pas à devenir des trois le plus habile, le plus rusé, le plus fort. On sait également qu'il ravit la Richesse au Nègre. L'Indien, comme le Nègre, devint son esclave.

Et depuis, lui seul fut riche, lui seul fut libre, sans qu'on puisse dire jusques à quand?...

Raphaël Tardon

(1911-1966)

Tardon grew up in a wealthy mulatto family of Martinique. After acquiring advanced degrees in both law and history, and serving a brief stint in the French army, he turned to journalism and government administration. Like the Gaudeloupean Maryse Condé, he consistently argued he was more "writer" than "black." To act otherwise, he felt, would be to think like a racist. Tardon wrote several novels and his study *Le combat de Schoelcher* (1948) is often cited by specialists on slave history. This selection, taken from his early collection *Bleu des îles* (1946), makes an interesting companion piece to Condé's story about daughters and fathers.

Un bon fils

C'était un bon fils, Edouard: tout à fait son père. Combien de fois il se l'était entendu dire, en face ou sur son passage, à haute voix ou dans un chuchotement élogieux? "Tout à fait son père." Une caresse sur le corps. La commune hébétée admirait sans retenue, et c'était le secret de polichinelle que sa future prochaine carrière. Chacun la lui avait tracée. Tous d'accord. Les solides qualités de son père, tout le monde avait pu les apprécier. Elles existaient comme l'hôtel de ville ou le monument aux morts. De ce fait, tout le monde connaissait les siennes. Pas besoin qu'il fît montre. On se contentait de savoir qu'il les avait. Qui donc s'aviserait jamais de les lui dénier? On ne se demandait même plus quelles étaient celles du père, or, le fils était comme il était parce que son père était comme il était et qu'il était comme son père. Un bon fils, tout à fait son père.

La même taille et les mêmes traits; le père avait en outre conservé un air d'extrême jeunesse que lui, le fils, portait naturellement. Même port de tête et démarche, mêmes intonations et inflexions de voix. Des sosies. Un défaut peut-être. Mais en était-ce réellement un? On pourrait balancer; dans certaines situations, ce défaut-là devenait une qualité; timide, il était timide. Serait-ce parce qu'il tenait tellement de son père? Il est de nobles qualités, comme la probité, l'austerité, d'où la gravité, et quelques autres peu nombreuses qui, chez un homme plein d'expérience, peuvent ne pas transparaître quand besoin est qu'elles ne transparaissent point. Chez un jeune homme, autre histoire, même si ces qualités sont celles de son père. La timidité du fils provenait, sans aucun doute, de ce que toutes les qualités de son père commençaient à peser à sa jeune âme d'étudiant: une robe l'effarouchait violemment, et même le froufroulement qui la précède. Un sourire de femme le troublait à rosir, sans pour cela qu'il fût ironique, alors de s'en écarter comme si elle était une possédée. Et pourant, certains soirs brûlants, il s'était surpris se cachant derrière un arbre pour épier un couple d'amoureux.

Le Destin veillait qui devait le transformer. Ainsi, d'un mot, on qualifie les choses les plus simples, mais que l'hypocrisie des gens, et qui ne s'ignorent pas, craint d'expliquer.

C'était fête au village, on célébrait la mémoire d'un maire qui jadis, avait été particulièrement bienfaisant, pour le plus grand profit de la chose publique et de ses concitoyens. Ce sont là choses qu'on n'oublie pas. Le père d'Edouard, maire aussi, organisa mille festivités, mais pour différentes raisons préféra rester en compagnie de son fils.

Ils avaient achevé leur repas et dix mots avaient été échangés. Le père paraissait soucieux, cela arrive aux gens les mieux équilibrés. Le fils l'était également, personne ne saura, sans doute, jamais pourquoi, quoique par la suite des mauvaises langues--des ennemis politiques--eussent insinué qu'il était moins sûr. Par la fenêtre qui béait, la vue pouvait s'étendre jusqu'à la maisonnette, au bout de l'allée bordée d'arbres. Tous deux y laissaient errer un regard presque atone. Une abeille traversa en vrombissant l'aire carrée devant eux. Ils la regardèrent et s'en détournèrent en même temps, puis s'entre-regardèrent. Le fils ouvrit la bouche, dans l'intention de parler, mais son père, par hasard, tout est possible, regardait ailleurs. Sans doute pensait-il que l'abeille repasserait, alors le fils se ravisa. Le soleil crépitait dans l'air immobile, sans un souffle, et les arbres dans leur attitude de repos semblaient parler. Il se tourna vers son fils, et ouvrit la bouche, à moins que ce ne soit l'inverse, ceci non plus, on ne le saura jamais exactement. Toujours est-il qu'il demeura dans cette attitude, avec les traits empreints d'une indicible stupéfaction: son fils défaillait. Emoi du père. Il se précipite et reçoit Edouard dans ses bras, mais déjà, dans un effort concentré, celui-ci se remet. Le père réfléchit. Ces symptômes, il les connaît bien, par expérience personnelle ou d'après son fils. Certes, il sait bien ce qu'ils signifient. Il bondit à la fenêtre et il comprend tout. Une femme était là, face à la baie ensoleillée. Elle avait l'air naïf, et souriait du haut de sa beauté. Elle se détourna, poursuivit sa route, et les arbres s'agitèrent lentement dans un doux friselis. Ils l'escortèrent jusqu'à la maisonnette au bout de l'allée. Un violent courroux sembla casser le père un instant, il fit appel à l'arrière-ban de ses solides qualités morales et le put refouler. Une longue pause. Enfin complètement calmé, à son fils, il parla en ces termes:

--Mon fils, ton trouble m'a été une précieuse indication, aussi bien, inutile de feindre. Je me félicite des circonstances qui me permettent ce discours. A un tournant dangereux de ta vie, je ne saurai trop te mettre en garde. Mes conseils sont le fruit d'une expérience éprouvée, et de la preuve que j'ai que cette femme est démon incarné. Sa conduite est le scandale de notre bonne commune; personne, sauf toi, n'ignore ici sa vie de débauche. On la montre du doigt, et chacun souhaite pieusement que la Providence, justement courroucée, nous en débarrasse enfin. Son amant actuel est le pire vaurien du village, et il serait saine oeuvre d'hygiène publique que j'arrivasse à le jeter en prison. Crois-en les avis de ton vieux père, ils sont désintéressés. Il n'a qu'un souci, c'est l'éducation morale et civique de son bon fils en qui il a mis toutes ses espérances. Il est du reste absolument certain que celui-ci ne saurait le décevoir. Bon sang ne peut mentir.

Ainsi parla le père. A cela, le fils répondit simplement:

--Je ne saurais trop vous remercier, mon père, des conseils que vous avez bien voulu me donner. Leur pertinence est indiscutable, et je suis profondément touché de l'affection d'où ils partent. Je dois, cependant, à vérité de vous dire, mon père, que pas un instant des pensées de concupiscence n'effleurèrent mon esprit au passage de cette femme. Que si cela avait été, elles seraient impitoyablement balayées sous le souffle pur de vos conseils.

Il dit, et son père sourit, puis, dans un grand élan de tendresse:

"Sur mon coeur, mon fils!"

Harmonie inimitable de sentiments si semblables.

Le soir était venu. Au village, les festivités allaient crescendo. Une liesse bourdonnante secouait les citoyens, dont la plupart avaient déjà des étoiles plein les yeux. On éclatait pétards sur pétards, et les hurlements des galopins en rupture de taloche ajoutaient aux réjouissances. D'à peu près partout un cri fusait comme le chant du coq:

"Vive monsieur le Mai...re!"

C'était le bon moment pour se faire acclamer.

Edouard informa son père qu'il allait au village. Celui-ci acquiesça volontiers et ajouta qu'il l'y rejoindrait plus tard, occupé qu'il était à résoudre une importante question d'assistance publique:

--Tu comprends, fit-il avec un sourire modestement las, je n'ai guère le temps de m'amuser, de songer au repos. Ma charge nécessite tous mes instants. Même la nuit, étendu sur mon lit, je ne peux chasser de mon esprit ces obsédantes questions municipales. Il est vrai que j'adore travailler, si bien que le jour où il me faudra me retirer, je serai l'homme le plus malheureux de la terre. Allons, va t'amuser, mon fils!

Un éclair de fierté admirative luit dans les yeux de celui-ci:

--Surtout, père, ne vous surmenez pas.

Et il s'en fut.

Il marchait lentement, respirant les bois et le ciel. Ses pas le menèrent dans la grande allée bordée d'arbres, et ceux-ci, la tête inclinée, chuchotèrent. Il arriva bientôt devant la maisonnette, et la porte s'ouvrit. Une feuille tomba sur l'eau unie de l'étang et la rida.

Combien de temps était-il resté dans la maisonnette? Mais les heures écoulées sont toujours trop brèves quand elle sont douces. Il est encore couché à côté d'elle, étourdi. Maintenant, il pense à sa conduite et aux conseils de son père. Fumées? Certes non. Mais alors, qu'en a-t-il fait? Et son éducation morale et civique, et la parole donnée? Il pense, et soudain se rappelle une chose: elle avait un amant, "le pire vaurien de tout le village". Alors, comment expliquer...? et s'il venait? Précisément, les cailloux ont crissé dehors. Il est debout et se plaque au mur. Que faire? Se laissera-t-il surprendre aussi sottement? Elle est encore étendue sur le lit, et n'a pas bronché. Sûrement un guet-apens, méticuleusement organisé. Un chantage, peut-être? Son père n'est-il pas le personnage le plus important de la contrée, le plus envié surtout? N'aurait-on pas voulu dans le fils atteindre la personnalité du père? Une terrible fureur s'empare de tout son corps. Fort bien manigancée, cette affaire, mais ne pas vendre la peau de l'ours avant de l'avoir tué. Il défendrait chèrement la sienne. Il est d'une force peu commune et le pire vaurien de tout le village doit mordre la poussière, et chez sa maîtresse même. Au reste, son père ne désirait-il pas le jeter en prison? Attention, la porte s'ouvre. Une forme, une ombre. Un homme se dirige vers le lit où elle est couchée. Il ne la distingue pas encore. Elle est en chien de fusil, les genoux remontés au niveau du cou, semblant se pelotonner dans une crainte instinctive. L'homme, maintenant, est tout près d'elle et la contemple longuement. Soudain il est inquiet, se redresse et cherche des yeux à travers la chambre? Y a-t-il senti une présence étrangère? Tout d'une pièce, il s'est retourné; en même temps Edouard s'est élancé. Sous le choc, l'homme a plié. Il chancelle, esquisse quelques pas à travers la pièce. Avec adresse, il a évité plusieurs meubles. Certainement il connaît à fond tous les aîtres. En tout cas, il est d'une vigueur extraordinaire. Il n'est pas tombé sous le poids d'Edouard, à peine a-t-il soufflé. D'un coup de reins, il s'est dégagé, mais tout de suite, son agresseur a bondi à nouveau, et à toute volée lui a lancé un coup de poing. Il s'est effondré avec un grognement de colère. Une plainte douloureuse s'est élevée du lit. Lumière.

--Père!...

Une éternité, ils sont restés cloués au sol à se regarder, les yeux écarquillés, sans un mot. Ils respiraient à peine. Deux hommes frappés par la foudre. Dehors, il pleuvait lentement, et les gouttes d'eau semblaient tomber d'une clepsydre inépuisable. On entendit au loin un cri qui montait, montait, s'il s'exténuait:

"Vive monsieur le Mai...re!"

Le père étendait le bras et montra la porte.

Le lendemain, ils sont de nouveau à table. Visage de marbre. De l'orage dans l'air. Silence partout. Un siècle! Soudain, devant la fenêtre, une abeille a passé, ils n'ont pas eu l'abnégation de se regarder. Un sanglot, des sanglots. Le père parle: il commente son malheur avec un chagrin déchirant. Il ne le méritait pas, et des oeuvres de qui? De son fils, qui lui doit tout, et qu'il s'était imposé de former à sa propre image. Mais tout pourrait encore s'arranger. Le fils doit se sacrifier: à ce prix seulement son père pourrait essayer d'oublier. Qu'il s'en aille donc achever ailleurs ses vacances. Puis, ses études le reprendront à la ville. Qu'il parte le plus tôt possible! Le fils pleure. Il regrette tout ce qui est arrivé, reconnaît l'étendue de son crime, en demande l'absolution, et accepte avec gratitude de partir.

Beau temps après l'orage. L'air bleuté est d'une limpidité ténue. Les étoiles scintillent tout là-bas. Le père d'Edouard les fixe comme un propriétaire, tant et si bien que son regard fatigué les fait cabrioler. Une douce brise lui caresse le front. Il est heureux, et serein son visage. Triomphe? Complet, grâce à son prestige de père, à ses solides qualités morales. Indubitablement l'irréparable n'a pas été consommé hier soir. Elle est toujours digne de lui. Son fils a plié sur toute la ligne. Il a pris congé depuis quelques instants pour le plus long temps possible. Un bon fils, finalement. La leçon du hasard lui aura servi. Il ira au diable vauvert avec le pardon paternel, et se débrouillera de toutes façons, d'autant plus que son père ne le perdra pas de vue.

Joseph Zobel

(1915-)

Zobel began by writing for the newspapers and journals of his native Martinique. The Vichy government blocked the publication of his first novel *Diabl'là*, which did not appear until after the end of the Second World War. His second novel, *La Rue Cases-Nègres* (1955), won him international recognition and a prestigious French prize, "Le Prix des Lecteurs." The author spent most of his adult life in Sénégal, where his interest in theater brought him into contact with producers of radio drama. The story of the lonely boy called "Mapiam"*, taken from *Laghia de la mort* (1946), not only offers insights into a child's mentality, but uncovers in lyrical and moving language the pain and embarrassment of poverty and difference. It is a good example of how color hierarchy functions even among the young.

Mapiam

Casimir Mbafo de son vrai nom.

Casimir, depuis toujours. Mbafo, depuis qu'il va à l'école, comme si c'était le maître d'école qui avait exigé qu'il eût, en plus du nom qu'il avait porté jusque là, un autre nom sous lequel il commençait sa nouvelle vie de garçon qui apprend à lire et à écrire. Un nom et un prénom, comme il en allait pour chaque élève.

Mapiam, c'est à cause de deux pansements l'un à la cheville, l'autre au coup de pied, et qui trahissent apparemment de ces plaies ulcéreuses imputables au mauvais sort, et qui ne suscitent que dégoût et mépris. Pourtant Casimir est un des meilleurs élèves de sa classe et de surcroît, un garçon bien tranquille. Oui, mais il est noir et laid. Plus noir que tous les autres qui, pour la plupart, ne fussent-ils pas tout à fait mulâtres, sont pour le moins "sorti assez clairs". D'une telle laideur, de ce fait, qu'il semble même avoir été privé en naissant de l'expression de toute joie.

A neuf ans, sous le coup des appellations malveillantes et des quolibets, cet enfant s'est retranché dans une méfiance toujours en éveil sous une inébranlable placidité.

Rares sont les fois où il s'abandonne à l'entraînement d'un jeu. Aussi, ses joies les plus vraies lui viennent-elles de tout ce qu'il découvre dans ses livres dont chacun, chaque fois, lui apporte comme le goût d'un mets auquel il n'a pas été habitué et dont les premières bouchées font aussitôt l'effet de ces choses que les magiciens des contes et des légendes font boire ou manger à ceux qu'ils veulent sauver en conjurant les dangers qui les menacent ou en les changeant en êtres fabuleux, invisibles, impondérables et puissants. Et sa revanche et son bonheur sont d'être presque invariablement le premier de sa classe.

Ce que les autres ne lui pardonnent guère.

Et c'est qu'il est robuste en plus!

Des moqueries, tant qu'on voudra, mais personne n'oserait même esquisser une menace à son endroit dans une dispute. Certes, on a essayé par d'autres moyens d'amoindrir ses mérites, le déprécier, lui rendre la vie pesante et amère. C'est ainsi que certains ont fait remarquer que Mbafo n'a que deux vieux petits costumes de drill, qu'il porte alternativement, une semaine sur deux, et qui commencent l'un et l'autre à craquer sur ses épaules qui s'épaississent de jour en jour.

Il ne peut même pas changer son chapeau de bakoua* dont le bord lui pend de chaque côté de la figure comme ceux des vieillards dont les yeux craignent l'éclat du soleil.

Et quant à ses souliers !...Jadis, c'étaient des brodequins en box-calf noir. Mais depuis quelque temps, c'est tout simplement quelque chose de comparable à rien, et dont la matière et la couleur sont rien moins que suspectes.

Des souliers qui n'ont pas d'âge, et dont personne ne saurait affirmer qu'ils ont été étrennés par Casimir. Le plus touchant, c'est que malgré tout le soin qu'en prend Casimir, les souliers se soient usés à ce point. Au début, la maman de Casimir payait les petites réparations chez le cordonnier: les bouts de semelle, les chiquets, les petits rapiécages. Mais comme le cordonnier gardait les souliers trop longtemps et lui faisait manquer parfois l'école, Casimir se mit à faire lui-même les petites réparations. Et il s'y employait avec une ingéniosité certaine, puisque pour en finir avec les lacets qui cassaient chaque matin et auxquels il fallait toujours faire des noeuds qui les empêchaient de glisser dans les oeillets, il eut un jour la bonne fortune de trouver un bout de fil électrique souple dont il fit une paire de lacets inusables. En outre, les semelles étant devenues une sorte de tarte de cuir mâché et de petites pointes qui le torturaient, Casimir a été assez astucieux d'y mettre des premières découpées dans des feuilles de palmiste. Mais tels ont été ses efforts pour retenir les trépointes, que la bordure des semelles se hérissait d'une multiple rangée de petits fils de fer agressifs.

L'année dernière, Léonie, sa maman, s'était dit: "A la récolte prochaine, j'achète une paire de souliers pour Casimir. De toutes manières!"

Cette année, elle y est revenue, et plus d'une fois déjà elle en fait part à Popo, son homme--qui n'est pas le père de Casimir. Elle eût aimé que Popo lui dît: "Il le faut!" Cela lui aurait donné du courage, à elle. Mais Popo, chaque fois, doute si l'on pourra mettre l'argent de côté, si le cordonnier acceptera de faire crédit. Popo, c'est le nègre dont on dit qu'il ne sait ni couper ni hâcher...

Un jour Léonie a demandé au directeur de l'école qui l'avait fait venir pour lui dire de veiller à ce que Mbafo ne manque jamais la classe: "Est-ce qu'il arrivera au certificat d'études, Monsieur le Directeur?"

Le directeur avait répondu, non sans conviction:

--Et bien plus loin, peut-être! A condition qu'il ne manque pas.

Cette parole était entrée en elle, s'était mélangée avec tout son sang; elle ne pouvait plus l'oublier, elle l'avait constamment dans son corps, dans sa tête, dans son coeur, dans ses boyaux.

On sait que Casimir ne rentre pas chez sa maman le midi, parce qu'elle habite trop loin. Si loin, qu'il lui faut partir pour l'école dès avant le lever du soleil--et après avoir été ramasser du bois mort et donné à manger au cochon.

Desrivails. Et c'est si loin que, comme il n'arrive le soir que juste à l'heure d'aller puiser deux calebasses d'eau à la source et mettre le manger-cochon au feu, il aime mieux parfois apprendre ses leçons sur le bord des traces* qui coupent les champs de canne à sucre.

Quand il fait beau, Casimir déjeune dans un petit bois, à l'entrée du village. Déjeune de quoi ? De farine de manioc humectée d'un peu d'eau, d'un fragment de morue desséchée et rôtie. De plus, à la bonne saison, il n'a qu'à lancer une ou deux pierres à l'arbre, dans le bois ou à la lisière d'un champ, pour faire choir une abondance de mangues ou de prunes de Cythère, lesquelles, mieux qu'un dessert le remplissent jusqu'à lui tendre la peau du ventre comme un tambour bien accordé.

D'ailleurs, Casimir n'a-t-il pas toujours des fruits qui mûrissent, juteux et parfumés, au milieu d'un champ de canne, bien cachés dans la paille ?

Ensuite, pour faire la sieste, Casimir grimpe à un arbre, se cale dans une branche fourchue et peut, à son gré, jouir de la brise qui semble le porter dans l'espace, ou dormir comme un félin jusqu'à l'appel de la cloche de l'école.

Et quand il pleut ? Eh bien, quand il pleut Casimir reste dans la cour d'école, sous la véranda. Ainsi, il a tout le temps de revoir sa leçon de grammaire ou d'histoire pour l'après-midi. Et de faire quelques retouches à ses souliers. N'est-ce pas là qu'il s'avisa un jour de les astiquer avec des feuilles de "bois-caca"* d'une touffe qui pousse dans un coin de la cour ?

Mapiam...

On ne sait pas qui, le premier, a lancé le sobriquet; en tout cas, depuis, il n'y a plus que le maître qui dise Mbafo: les élèves, eux, l'appellent Mapiam. Depuis une semaine qu'il s'est amené à l'école avec ses deux pieds nus sans vergogne et largement galonnés de pansements affreux, l'un à la cheville et l'autre au coup de pied. Deux pansements pareils à ceux qui recouvrent les ulcères qui rendent certaines vieilles personnes plus dégoûtantes que pitoyables, et dont on dit qu'elles ont un mapiam pour le restant de leur vie ou, pis encore, qu'elles sont peut-être gagées du diable, et qu'elles auraient été blessées par quelque arme tranchante ou pointue au cours de leur sabbat nocturne.

Pesonne, par conséquent, n'a demandé à Casimir ce qui lui est arrivé aux pieds. Le maître n'y a peut-être pas pensé. C'est que, un gosse de la campagne, ça a toujours de ces bobos mal soignés qui lui collent à la peau assez longtemps parfois. Avait-il seulement remarqué que c'était par "Mapiam" que les élèves interpellaient Mbafo maintenant ?

Et qu'est-ce qu'il aurait fait s'il avait entendu celui qui avait dit, presque à haute voix, le samedi où le dernier classement avait été proclamé: "Cette classe n'a pas de chance: avoir pour premier cette espèce de nègre marron*"? Casimir, lui, cela lui semble bien égal. Ce qui l'affecte réellement, c'est de ne pas pouvoir courir comme il veut. Il est obligé de rester à l'écart toute la récréation durant, appuyé à un des poteaux de la véranda, ou accroupi, de se mettre toujours dernier dans le rang pour entrer en classe.

Et Casimir ne se doutait même pas par quelles épreuves il pourrait encore passer, lorsqu'un matin, comme cela se produisait de loin en loin, visite de l'assistance médicale. Une véritable révolution dans la journée. Les emplois du temps abolis, à la joie secrète de ceux qui ne savent pas leur leçon. Devant l'école, l'auto du médecin, irrésistible attraction. La cloche sonne comme à l'accoutumée, mais toutes les classes n'entrent pas en même temps. Une table a été placée dans le préau, avec une nappe blanche dessus; et sur la nappe des objets qui brillent comme s'ils n'avaient jamais servi. Le médecin, qui a des lunettes, est derrière la table. Il a une blouse blanche. A côté de lui, l'infirmier, en blouse blanche pareillement.

Le directeur appelle les classes une à une. Le directeur qui est si bien coiffé qu'on peut suivre des yeux les passages de la brosse dans ses cheveux; et qui a toujours des vêtements propres, les mains propres avec des ongles bien taillés; et des chaussures qui brillent. Le directeur qui semble maîtriser l'art de ne pas faire un pli à ses vêtements.

Les élèves arrivent en bon ordre, les bras croisés pour être polis et plus discipliné. L'infirmier les détache un à un du rang. Le médecin dit: "Ouvre la bouche... Tire la langue... Fais: ha!" Il appuie sur la joue en la tirant vers le bas pour voir l'envers des paupières. Il colle son oreille sur une serviette que l'infirmier pose sur le dos, et puis sur la poitrine, et dit: "Tousse.»

Alors, quand ce fut le tour de Mbafo, il regarda les pieds et dit à l'infirmier en montrant les pansements: "Défaites-moi ça!»

Le maître dut user de sa grosse voix pour maintenir dans le rang les curieux qui déjà se précipitaient pour ne pas manquer le spectacle des repoussants bobos pendant que l'infirmier, avec ses ciseaux et ses pinces, commençait à dénouer le chiffon qui ligaturait la cheville.

--Mais qu'est-ce que c'est que ça! fait le médecin en regardant le maître, aussi perplexe que lui-même.

Pas une écorchure. Pas la moindre égratignure, non plus, à l'autre pied que l'infirmier a libéré encore plus vite de son pansement sale.

Comme s'il y allait de l'opinion que le médecin pût avoir de la classe, de toute l'école, le directeur dut le prier d'excuser ce qu'il considérait pour sa part comme un regrettable et burlesque incident.

Mais une aussi mauvaise plaisanterie ne pouvait pas rester impunie. Se moquer ainsi du monde!

Une semaine de retenue! Tous les soirs, une heure après la classe!

Il a fallu que la maman de Mbafo, Léonie, descende de Desrivails, toute fatiguée après son travail, pour aller trouver le maître d'école et savoir le motif de cette punition qui empêchait Casimir d'arriver avant la nuit pour aller puiser de l'eau et faire cuire les épluchures et les racines pour la nourriture du cochon.

--Pourquoi as-tu fait ça ? Pourquoi ?

Il a fallu que le maître et Léonie, l'un et l'autre, le pressent de plus en plus de questions et de menaces pour que son mutisme éclate en sanglots et qu'il avoue lamentablement:

--C'est parce que je n'ai plus de souliers.

Et les simulacres de pansements, c'était pour faire pardonner les pieds nus.

Claude and Marie-Magdeleine Carbet

(1893-), (1906-)

These two writers of Martinique share several things besides their patronym and national origin. Both spent years as classroom teachers and both played important roles in furthering the cause of francophone culture through their affiliations with Caribbean publications, Claude with "Les Presses de la Cité" and the *Revue dialogue*, and Marie-Magdeleine with "Ceux d'Outre-Mer." The publication of *Féfé et Doudou, Martiniquaises* (1936) marked a long and fruitful literary collaboration. If their vivid regionalism conceded to a European notion of colonial exoticism, their charming pieces, rich in local color, accurately represent a certain moment in the evolution of Caribbean literature. The story featured here is taken from a last collaborative effort, *Braves gens de la Martinique* (1957), and offers a good example of islander attitudes towards the supernatural.

Le chat jaune

Moursault? Nous l'appelons notre sauvage. Un peu parce qu'il lui arrive de s'éclipser de longs mois sans donner signe de vie à personne; un peu aussi parce que dans sa jeunesse, il a promené sa palette à travers les paysages les plus excentriques, du moins pour l'époque.

"Aujourd'hui, on prend pour modèles à Montparnasse les nègres qui meublent les cabarets de nuit. Les miens, je suis allé les chercher dans leur brousse natale" nous déclare-t-il.

Et, de fait, la collection exotique de Moursault, peintre en renom avant la guerre, connut en son temps une véritable vogue.

"Elle lui a rapporté une fortune", prétendent les uns. "Plus de bruit que de profit!" disent les autres.

En tout cas, dispersée jusqu'à la dernière pièce? Non pas. Dans son pavillon reculé du "village d'Auteuil" enfoui dans la verdure et le silence, il garde unique souvenir, une toile. Nous le savons bien, nous autres, ses intimes. C'est dans un petit salon prenant jour sur le jardin pour une étroite fenêtre; une pièce tendue de vert sombre, rarement ouverte aux visiteurs, où notre ami va "retrouver ses tropiques" quand il en a la nostalgie.

Au mur, un seul tableau, un portrait de jeune négresse, visage de femme à la fois puéril et douloureux: de longs yeux graves où brûle une inquiétude, de véritables yeux de bête traquée. On imagine, tout à côté, le chasseur en embuscade. Gourmandes, les narines ouvertes, légèrement retroussées, semblent humer, avec la chaude atmosphère des îles, tous les plaisirs de la vie. La bouche, sensuelle et bien charnue, est pourtant marquée d'un précoce pli d'amertume. Au coin de la toile on peut lire: "Fonsine. 1932". Fonsine! Je garde encore dans l'oreille l'accent vibrant et passionné que prit soudain la voix de Moursault un soir qu'il se mit à parler d'elle.

Les quotidiens annonçaient la mort du professeur Charles Richer. Sur ses travaux et ses expériences si diversement appréciés parce que mal connus, la discussion roula tout l'après-midi. Naturellement pleins de malice et de scepticisme, les camarades, les jeunes surtout, plaisantaient sur les sciences occultes et l'hypnotisme, éternels sujets de controverses. Moi, j'avais eu l'occasion d'approcher assez récemment l'extraordinaire vieillard aux longues mains d'officiant. Encore dominé par le souvenir de son étrange regard je haussais les épaules, n'osant pas me prononcer.

Qui peut, sans ridicule, se vanter de détenir la vérité dans quelque domaine que ce soit?

Restés seuls, Moursault et moi, nous fumions tranquillement, chacun poursuivant ses souvenirs.

"Il est facile de se moquer, dit brusquement mon hôte. Mais des faits auxquels on assiste, que l'on subit, sans pouvoir les expliquer, il y en a, pas vrai, Fonsine?"

Je dressai les oreilles et gardai un silence discret. Précaution superflue. La maison, le jardin, et moi, et le monde lui-même, tout était aboli. Face à son modèle, le peintre était plongé dans sa vie passée.

Vers le mois de janvier 1932, Moursault, depuis peu débarqué de sa lointaine province, ne parvient pas encore à "prendre pied" dans la capitale. Il a épuisé les distractions de l'exposition coloniale, puis, fait le tour des ateliers et des salons parisiens. Rentrer au bercail et se marier douillettement? Sagesse, sans doute. Mais aussi renoncement. Car, adieu la peinture! Se fixer à Paris? Ses rentes sont maigres. Il faudrait entrer dans la lice, et pendant des années, peut-être jusqu'au bout, trainer une vie solitaire et médiocre sur le pavé de la grande ville.

Une nouvelle, apprise par hasard, l'aide à résoudre le problème.

Un cyclone vient de ravager plusieurs villages à la Martinque. Un bateau quitte les côtes de France, avec du secours pour les sinistrés. A tout hasard, Moursault s'embarque avec un ami délégué par le Ministère. "Vagabond-né, je découvrais ainsi ma vocation. Depuis j'ai bourlingué sur toutes les mers, et visité bien des pays. Jamais je ne suis retourné dans celui-là, de peur que s'altère jamais ma première impression, avoue-t-il maintenant.

"Sur le bleu intense de la Caraïbe aux courtes vagues, avant même que les îles ne se profilent à l'horizon, accourent, à l'assaut du voyageur, les parfums et les voix de ces contrées ensorceleuses. Tout d'abord j'ai cru user rapidement tous les tubes de couleurs en réserve chez les marchands. Une vie suffirait-elle à peindre les merveilles découvertes à chaque pas? Et puis, dès mes premiers essais, j'ai pensé ma palette anémique et mes pinceaux maladroits.

"Pour me familiariser avec les contrastes de tons, et les damnés jeux de lumière, sac au dos, je partis faire du tourisme.

"Un peu plus, chaque jour, je m'enfonçais dans la campagne. Quel enchantement! Terre baignée de douceur, malgré l'exubérance preque tragique de la végétation! Terre fertile de la beauté, terre féconde de la tendresse, terre de l'amour!"

Quand et comment Moursault fait-il connaissance de Fonsine? Peut-être ne s'en souvient-il plus très bien lui-même. Les jeunes campagnardes, avenantes et gaies, chastes sans pruderie, bavardant volontiers avec l'étranger. Et puisqu'il y tient, ce monsieur, elles gardent plusieurs minutes, parfois de longues heures, la même attitude afin qu'il prenne des croquis.

A la fois complaisante et farouche, Fonsine accepte de poser des après-midi entières. Mais rarement, elle desserre les lèvres. Elle arrive, et s'esquive, sans qu'on puisse dire jamais d'où elle vient ni où elle va. En vain, le peintre quelque peu curieux au début, réellement intrigué par la suite, essaie-t-il de lui arracher quelques propos. Jamais le rire honnête, et sonore, de ses compagnes n'éclot sur son visage.

Parmi l'hospitalière et souriante population de la campagne, peu à peu Moursault suscite de solides sympathies. C'est l'étrange monsieur blanc qui déjeune tantôt chez une vieille, tantôt chez une autre, gîte où le portent ses pas, à la belle étoile, en plein dans les herbes soyeuses, ou s'approprie le premier abri venu. Sa silhouette devient familière aux bambins qui le suivent, nombril au vent, d'un bout à l'autre des hameaux.

Il couche pour le moment dans la case déserte du garde forestier. Une ajoupa* cloisonnée de bambou, coiffée de chaume. La nuit, la pluie tombe en gouttes pressées, fouette la façade légère. Sur l'épaisse et moelleuse toiture elle fait un bruit mat, on dirait le souffle de la mer endormie.

Nuits de la montagne martiniquaise! De l'ombre vivante sourd une indéfinissable musique, nourrie de mille voix. Tant et tant de vies invisibles palpitent dans l'ombre chaude! En son jeune corps à la fois comblé et attentif à la volupté, la sève, plus que jamais, charrie des énergies. Moursault prolonge son séjour.

Et puis, il y a Fonsine.

Parlera? Parlera pas? Le jeu devient passionnant...un peu irritant même par instants. Et le peintre ébauche d'invraisemblables plans de campagne. Il n'est que d'attendre...ou bien la surprendre. Tôt ou tard, elle cèdera, la mâtine! Et puisqu'elle est encore tellement farouche, on enquêtera adroitement auprès des vieilles, on déchaînera leur bavardage facile, émaillé de sentences pompeuses, illustré de gestes et mimiques, coupé de grands éclats de rire.

Quel âge donner à la vieille Hortense? Les épaules dorées, largement découvertes par la "chemise bébé" en fin linon brodé, sont encore plantureuses; mais les cheveux tout blancs frisent sous le madras* aux coques sagement rabattues, et le sourire, malgré sa fraîcheur, déjà se charge de l'indulgence propre aux vieilles gens.

Au hameau, tous disent: "La mère Tense" ou, mieux, "Man-Tensia". Du matin au soir, sur un réchaud installé en plein vent, à l'ombre du manguier contre lequel s'accoude sa chaumière, Man-Tensia fabrique des sucres d'orge. Une clientèle certainement aussi dépourvue qu'innombrable et dépouillée se presse autour d'elle. Pour boucler son budget, équilibré Dieu sait par quels miracles, la mère Tense fait en plus la cuisine aux hôtes de passage. Ces jours-là, elle allume un second feu, à même le sol, entre trois pierres noircies, et c'est à qui poussera le bois* que la flamme dévore.

En somme, la pièce au sol de terre battue, meublée d'une table boîteuse et d'un banc de bois poli par l'usage où elle m'a installé, est la salle de restaurant de ce hameau perdu.

"Quand vous aurez savouré ce calalou*, cher Monsieur, de votre vie, vous ne voudrez jamais rien manger d'autre!

--Et vous dites, mère Tensia, que l'ajoupa, là-haut, appartient au garde forestier, le père de Fonsine?

--Oui Monsieur, mais ne craignez pas qu'il vous déloge. Il a fait construire depuis des années une case, pas très loin d'ici, au 'Fond des Mangues d'Or'. Quant à Fonsine, elle ne viendra pas vous disputer l'ajoupa, soyez-en sûr! Ni à vous, ni à personne d'ailleurs, et pas plus ce toit-là qu'un autre!

--Ah! elle est donc tellement accommodante que cela, Fonsine?

--Accommodante? Pourquoi cela? Et, quand bien même elle serait autrement!

--Qu'en savez-vous, mère Tense?

--Je vous parle comme n'importe qui ici vous parlerait mon bon Monsieur. La petite ne vous dérangera jamais de l'ajoupa, voilà!"

Le ton est bref, sans réplique. Est-elle froissée, à l'idée que le sens hospitalier des "habitants"* semble mis en doute? L'allusion va-t-elle, au contraire, droit au caractère un peu...spécial de Fonsine? Si son nom est la fable du pays sa réserve présente est une attitude ridicule. Pourquoi Fonsine joue-t-elle la comédie du silence et du mystère? Un amour malheureux? Il n'est guère de chagrins durables en cette campagne où la jeunesse, débordante de ris et de chants, aime et vit à sa guise, prend au jour qui passe la joie qu'il offre, sans se soucier du lendemain.

Moursault questionne sans détours:

--Vous avez dû voir Fonsine toute gosse, mère Tense? Quel âge a-t-elle donc?

-- Elle court sur ses vingt ans.

--Malgré son air un peu...sauvage, il doit bien lui trotter comme aux autres l'envie de s'établir?

--L'envie de s'établir? "Toute mangé bon pou mangé, toute parole pas bon pou dit" (Toute nourriture est bonne à manger, toute parole pas bonne à dire) monsieur! Pas plus mal faite qu'une autre Fonsine. Et douce et vaillante comme elle est, elle méritait bien un meilleur sort, la pauvre mignonne!

--Comment, méritait? Mais vous en parlez comme d'une morte, maman Tensia! Touchons du bois, vite! fait Moursault en riant.

Mais la mère Tense, avec un hochement de tête:

--Une morte? Peut-être serait-ce mieux ainsi.

Mon interlocutrice en a trop dit; trop et pas assez. Mais ma visite a, comme d'habitude, attiré des tas de bambins sur mes talons. Une nombreuse marmaille qui suce encore son pouce regarde tous ses yeux, manger le "monsieur blond". Et les mamans, une à une, viennent rappeler leur indiscrète progéniture. Sous un prétexte quelconque des jeunes filles arrivent, provocantes, tanguant de la hanche, des dents luisantes entre leurs lèvres noires.

L'une veut emprunter une pincée de sel à la vieille Hortense, l'autre un brin de persil du jardin...

La case bourdonne de voix et de cris.

--Goûtez-moi ça, cher Monsieur, une vraie crème, ce corossol-doudou!*

Sapotilles brunes, mangues savoureuses, entassées devant Moursault, s'offrent à calmer le feu du court-bouillon parfumé de piment vert, un peu trop relevé, servi par la mère Tensia. Mais il songe aux joues de Fonsine:

"Ont-elles ce ton de sépia, exactement? Je n'ai pas encore bien saisi. La peau? Aussi veloutée que le fruit? Pourquoi, au dire de la vieille, Fonsine ne vaudrait-elle pas mieux qu'un cadavre? Quel poison chemine dans son sang?"

La pluie menace.

Tense rentre le linge étendu dans son clos. Familière, elle prévient son hôte, et lui donne congé.

--Bonne nuit! Courage Monsieur!"

Et, de chaumine en chaumine, le salut antillais accompagne le peintre: "Courage Monsieur, Courage!"

Il hâte le pas. Bientôt les gouttes lui martèlent le cou et les épaules. "La pluie a crevé", comme dirait la vieille Tense, avec une violence exceptionnelle. Chaque feuille est une gouttière, et chaque piste un torrent. L'eau dégringole du flanc des mornes* roides. En quelques minutes, amassé au fond de l'étroite gorge, le flot gronde. La ravine, tumultueuse, a des remous roussâtres.

Sans doute, l'averse ne durera-t-elle guère. En plein jour, le soleil, revenu, sécherait les vêtements du voyageur avant qu'il n'atteigne son abri. Mais à cette heure, la nuit ne se dissipera plus. Il faut avancer au plus vite.

"Inutile de songer à coucher en route, murmure Moursault. D'ici je gagnerais bien une case ou l'autre, mais où diable ces braves gens me logeraient-ils?

Une encombrante marmaille déborde de chaque pallote. Mais, n'ai-je pas repéré, justement dans ces parages, une sorte d'antre dans la falaise? Protégée par une énorme pierre, une vraie grotte, tendue d'un rideau de lianes s'ouvre par ici. Si seulement j'y parvenais, voyons...que j'essaie de m'orienter..."

Une escalade assez difficultueuse, au long de la roche glissante, et le voilà sauvé, tranquille pour la nuit.

"Pourvu que l'eau n'ait pas traversé mon sac, je pourrai encore faire du feu pour y voir clair et chasser les insectes.

"Tiens! au fond, une silhouette bouge. Quelque bête m'aura devancé? non...On dirait un être humain qui se dissimule..."

--N'ayez pas peur!

C'est une femme!

A tâtons, Moursault, débarassé de sa veste, de son sac, reconnaît les lieux. D'ailleurs petit à petit les yeux se font à l'obscurité. Voici une couche de feuilles sèches...et puis des pieux, une table...Habité, ce lieu? Est-ce la demeure d'une sauvagesse, la tanière d'une diablesse, cette fée noire à laquelle on croit fermement dans le pays? Déjà des histoires invraisemblables s'échaffaudent dans son esprit, il est le héros d'aventures fantastiques...

Mais la forme approche...

"Fonsine!"

En vain chercherais-je aujourd'hui les mots qui échappèrent à Moursault confessant à plus de vingt ans de distance, le trouble qui s'empara alors de lui. Il allait la vivre, son aventure extraordinaire! Il la tenait sa rétive Fonsine! Combien lourde de promesses s'annonçait cette nuit d'orage, cette nuit romanesque, au creux d'une falaise tropicale!

D'un coup, le sang, refluant vers son coeur, se mit à chanter dans ses veines. Un désir l'envahit tout entier. Celui d'écraser sur sa poitrine d'homme ces jeunes seins, qu'à travers l'étoffe tendue, il a tant de fois soupesé du regard, le pinceau entre les doigts.

Enfin, il allait prendre entre ses lèvres cette bouche obstinément close, et la mordre jusqu'à ce qu'en jaillisse le fameux secret.

Pourtant, Fonsine, légèrement intimidée, mais pas le moins du monde méfiante, lui fait les honneurs de son étrange logis. Avec le plus grand naturel, elle offre des hardes sèches à son hôte.

Tant de douceur passe dans sa voix que Moursault, frappé de surprise, éprouve une vague honte. Sans doute quelques instants après se rejoignent-ils, insensiblement, sans en avoir très claire conscience. Lorsque Fonsine, appuyée contre lui abandonne entre ses bras sa tête renversée, il ne croit plus tenir une sauvageonne rétive forcée, en sa retraite, mais une silencieuse, et consentante, et chaste fiancée.

Déjà, se reprenant, elle l'éloigne, angoissée

--Il ne faut pas!

Ingénue, ou coquette. Si savante, si rouée, Fonsine? Non. Son élan a été sincère, et sans calcul. Le peintre ne s'y trompe pas. Seulement un invisible ennemi s'est glissé entre la jeune fille et lui. Peut-être le fameux secret? Il faut lui faire parler.

Tendrement, patiemment, il y parvient:

--Quand j'entends ta voix, je me crois délivrée de tous mes tourments. J'aime ta main sur mon cou, sur mes bras, lorsque tu peins et que tu t'arrêtes pour corriger un pli de ma robe ou de mon madras...Mais, il ne faut pas m'approcher. Il ne faut pas! Je te porterais malheur! Je suis maudite!

Lèpre ou syphilis? Quelle horrible et secrète affection de ces terres traîtresses? se demande Moursault, désappointé. Au moins, elle est honnête, songe-t-il, assis au bord de la couche de feuilles crissantes.

Fonsine a glissé à ses pieds. Le front posé contre sa jambe nue, elle défait les lacets de ses chaussures trempées d'eau.

Comme elle l'aime cet homme! Et comme elle voudrait le servir, l'envelopper de sa tendresse de fille esseulée, et le griser de la fièvre qui monte en elle, et lui donner tout, tout d'elle-même!

Mais cela aussi lui sera refusé!

--Puisque personne ne vous a raconté mon histoire, écoutez-moi, dit-elle. J'avais huit ans. C'était l'année où les hommes revenaient de la guerre de votre pays. J'habitais alors une case, avec mon père et ma mère. Bien sûr, nous étions aussi pauvres que les voisins, et ma maman, depuis la mort d'un petit frère à moi, n'allait pas toujours très bien. Mais je n'étais pas malheureuse. Mon père qui préparait mon gros sac de toile grise, le matin, avait des tendresses de femme.

Jamais il ne manquait un fruit ou une sucrerie à mon déjeuner. Car j'allais à l'école, comme tous les petits enfants!

En ce temps-là, l'école était à quatre bons kilomètres d'ici, au village des "Mangues d'Or". On partait le matin de bonne heure, plusieurs filles et garçons. Et l'on s'attendait le soir, pour rentrer en groupe aussi.

Quand il faisait mauvais, surtout au moment du retour, on prenait un sentier de traverse; mais par beau temps, on l'évitait. C'est que le raccourci coupait une savane, une belle savane où les gros lys rouges passaient la tête par dessus les herbes cabouillas, une savane pleine de goyaves et mangotines*, où nous ne pensions pourtant pas à muser*. Car dans la savane il y avait "Vié Rose!"

Elle vit encore. Peut-être a-t-elle plus de cent ans. Longue, plus maigre qu'une gaule de bambou, elle avance de biais, comme les crabes. On ne sait jamais de quel côté va son regard. Ses yeux sont tout blancs, mais elle y voit tout de même! Elle est engagée* avec le diable!

Douce, presqu'enfantine, la voix montait dans l'ombre. De plus en plus, Moursault se sentait rassuré. Rien que cela, le secret de Fonsine?

Une plaisanterie! Il fallait être de ce peuple puéril et simple pour attacher de l'importance à de pareilles balivernes.

Encore gamine, Fonsine avait encouru la colère "Vié Rose". Elle se croyait à jamais envoûtée. Lui rendre confiance en elle-même serait un agréable jeu.

Soulagé d'un grand poids, souriant, le peintre s'emploie à raisonner la jeune fille:

--Je la connais, ta sorcière, petite peureuse!

--Plaise à Dieu que jamais elle ne croise votre route.

--Je dois être maudit moi aussi. Il y a à peine une semaine, je passais par la savane aux cabouillas*. Et j'ai vu la vieille. Evidemment, sa laideur est repoussante, un peu effrayante même, je te l'accorde. Elle fait une paire assez réussie avec son vilain chat jaune, aux prunelles blanches, elles aussi.

--Vous avez vu le chat, vous!

--Mais bien sûr, Fonsine, et la "Vié Rose" aussi.

Mais pas les deux en même temps. Vous seriez le premier! C'est impossible.

--Il me semble que non, en effet. Mais pourquoi est-ce impossible?

--Vous le saurez. Dites-moi comment cela s'est passé?

--Tout d'abord je n'avais pas distingué la tête de la vieille au-dessus du tas informe de loques noires appuyé contre sa hutte. Mais j'ai vu rouler ses yeux morts. Et puis, une jambe nue, un pied chaussé d'une savate, passaient à travers les haillons. Un bâton posé près d'elle, elle se tenait parfaitement immobile. Mon passage, je le crois, l'a laissée indifférente. Oh! mais pas le chat par exemple. A peine m'étais-je éloigné de cent mètres que la vilaine bête, sortant de je ne sais quel fourré, me tombait entre les jambes.

Fonsine n'écoutait plus. Une sorte de fièvre la gagnait.

--Ne plaisantez pas sur ces choses, je vous en supplie. Telle que vous me voyez, je suis envoûtée, maudite, et condamnée à ne jamais vivre sous un toit! Depuis des années, où que j'aille, quoi que je fasse, je suis poursuivie.

--Mais par qui? Pourquoi?

--Un vendredi d'octobre, la maîtresse nous avait gardées après la classe Zanotte et moi. Une gentille compagne, Zanotte, mais remuante et vive comme une mangouste. Il paraît que nous bavardions. Je ne sais plus. Pour rentrer, nous étions seules. A la sortie du village, le soleil se couchait. Il fallait aller au plus vite, prendre la traverse. Pas pour les mangotines, hélas! Nous filions l'une suivant l'autre, sans un mot. Passer devant la case de Vié Rose! Nous étions loin d'être rassurées. On y arrive. Personne. Ma poitrine se soulève. Le souffle me revient. Trop tôt. Ma camarade se retourne, un doigt sur les lèvres. "Vié Rose!"

Elle vient juste en face. L'espace entre les icaquiers* qui bordent le sentier est étroit. Nous nous rangeons pour lui faire de la place. Elle nous croise, continue son chemin.

Quel démon inspire alors Zanotte? L'écervelée se baisse, ramasse une motte et: "Attrape Vié Rose!"

Elle se sauve. Pas moi. Mes jambes se refusent à courir. Mes cris ne passent pas mes lèvres. La sorcière me rejoint.

Après? Je ne sais rien. On m'a trouvé au matin errant dans la savane, où, pourtant, on m'avait cherchée, la nuit durant. Sans doute les pluies m'avaient noyé les esprits. J'avais perdu toute conscience, et gagné une bronchite. Qui avait lacéré ma robe de calicot, égratigné mon cou, mes jambes nues? Dans ma tête, un grand trou noir. Quant à ma compagne, on l'a conduite au cimetière le dimanche d'après. Personne n'a jamais rien compris à sa mort.

--Il faudrait un médecin pour l'expliquer, Fonsine...Mais tout cela est vieux, et bien passé. Pourquoi y songer en ce moment encore?

--Passé? Ma mère en est morte, elle aussi. Et mon père vit au loin. Tous s'écartent de moi...Ils y sont bien forcés! Je suis maudite, maudite vous dis-je. Depuis cette nuit là, chaque vendredi que Dieu fait, une grêle de cailloux tombe autour de moi où que je sois quand le soir vient.

Il a bien fallu m'enlever de l'école. Des années, mon père m'a tenue enfermée chez nous. Un beau jour une tante qui m'aimait bien m'a emmenée.

--Une bonne place, dans une famille honnête, c'est ce qu'il lui faut, à cette enfant. Confie-la moi, dit-elle à mon père. Je la mettrai chez des gens bien, et je défie les esprits et les zombis de vos parages de la poursuivre là-bas.

C'était chez la femme d'un médecin. Une dame douce et pieuse, mère de sept enfants. Après le second vendredi, elle dut me renvoyer à ma tante. Depuis, j'ai essayé plusieurs places. Des bonnes gens, prises de pitié, ont tenté de m'héberger. La mère Tense, par exemple.

Ici, dans cette grotte, isolée comme une bête sauvage, je vis tranquille. Partout ailleurs, le malheur est à mes trousses. Les gens que j'approche, ceux que j'aime surtout, sont exposés eux aussi, à bien des accidents.

Et Fonsine qui tenait entre ses mains palpitantes un des genoux de son ami conclut tristement:

--Dormez, jusqu'au jour. Et puis après, sauvez-vous, sauvez-vous!

En vain Moursault essaya-t-il de la calmer. Il dut s'écarter d'elle, et immobile, l'écouter sangloter dans la nuit noire.

De loin en loin, l'averse, balayée par le vent, arrivait en larges vagues bruyantes. Les insectes nocturnes jacassaient, piaillaient, sifflaient.

Le peintre, parfaitement sceptique sur la question d'envoûtement, mais ému du chagrin de la jeune fille, attendri, fraternel, se promit de tirer la chose au clair, et d'aider Fonsine à recouvrer la quiétude.

Heureusement on peut parler de tout à la Mère Tensia.

--Ici, chez vous, vous avez vu la pluie de cailloux?

--Comme je vous vois, Monsieur!

--D'où venait-elle, selon vous?

--Ce que nous ignorons nous dépasse! (ça ou pas save grand passé-ou!)

--Mais enfin! Puisque c'est pour sauver Fonsine!

--Nous avons tout entrepris, nous autres, et tout essayé pour la guérir! Rien n'y a fait! Si Fonsine, plus brave, affrontait la sorcière, implorait sa délivrance...Seule la vieille peut revenir sur ce qu'elle a fait.

--Comment, il ne faudrait que cela! Et vous avez laissé passer des années!

--Pas si facile d'aller trouver Vié Rose!

--Fonsine le fera.

Vendredi, 18 heures. Le soleil qui disparaît allume un incendie au couchant. Les manicous voraces commencent leur maraude, et les poules avec des gloussements pressés gagnent les corossoliers*. Moursault presse le bras de Fonsine. Ils hâtent le pas.

--Restez ici! Je dois avancer seule.

--Courage!

--De vous savoir tout près, je me sens forte!

--Je vous attends.

Les minutes trainent. Il voudrait s'approcher, tourner le petit bois. Mais la crainte de compromettre la démarche le retient. Du moment qu'elle y croit, il faut éviter tout ce qui la contrarierait.

"C'est la foi qui sauve" prétend la mère Tense. Après tout, elle soulève bien des montagnes, la foi. Pourquoi ne viendrait-elle pas au secours de Fonsine? En matière de sorcellerie, la suggestion joue, à n'en pas douter, un rôle souverain.

Brusquement de retour, Fonsine s'abat hors d'haleine dans les bras de son ami:

--Vié Rose est en train de mourir!

--La malheureuse! Ainsi elle ne fera plus peur à personne.

--Oui, mais si elle passe* avant de me délivrer de sa malédiction, tout est à jamais perdu!

--Que faire?

--Ramener ici Tense, et les voisines, et tous les vieux du hameau. Ils me conseilleront.

Les cris de la sorcière ameuteraient une ville. Dans son délire, la centenaire confesse tous les crimes de la création. Si l'on en croit les nouvelles qui volent de bouche en bouche, la vieille folle se confond avec Lucifer lui-même.

Qui a fait périr, jadis, tête par tête, le bétail du brave Epaut? Qui condamna, voilà vingt ans passés, la pauvre Pauillote à la claudication? Et Dolo à d'incurables crises, et le fringant Popo à la mendicité? Qui fit mourir Zanotte, la gamine trop espiègle. Qui, qui, qui, le responsable de toutes les calamités subies dans le hameau depuis un demi-siècle, et plus? Vié Rose! Vié Rose! Encore Vié Rose!

Le curé du plus proche presbytère est venu. En vain l'eau bénite et les saintes huiles ont coulé. La pauvre vieille carcasse se tord de douleur et s'accuse, avec un cynisme, une netteté, inconcevables.

L'agonie d'une sorcière noire! Quelle fresque magistrale on pourrait en tirer! Moursault entre dans la hutte. Surprise, elle est propre. Des chromos jaunis tapissent les murs: des images de saints largement auréolés. Dans un coin, le grabat où la mourante râle. Sur une étroite planchette des statuettes de porcelaine: la sainte famille...Le rayon pâle d'une veilleuse dore l'enfant Jésus tout blanc. Mais oh! horreur! la lampe est allumée au creux d'un crâne!

Voici, collée à la cloison, une vieille fourrure, rayée de jaune...face au grabat où roulent des yeux éteints, masqués de taies blanches; si étrangement pareils à ceux du sinistre chat...

Mère Tensia se penche sur la misérable:

--Vié Rose, Fonsine est là, vous savez bien, Fonsine, la petite du garde, la compagne de Zanotte. Cette enfant n'a pas vingt ans...Il faut lui enlever votre malédiction, Vié Rose. Entendez-vous?

Un rire sardonique fend la bouche édentée. D'un bond la sorcière se retourne vers le mur.

Dans la pièce s'élève un murmure d'indignation. Pas une de ces femmes qui ne se sent le désir d'étrangler ce monstre!

Il faut laisser mourir en paix la vieille folle songe Moursault...Une pauvre folle...Aux goûts étranges bien sûr. Faire brûler son huile dans un crâne! Mais depuis quelques mois la nature a tant semé de morts, autrefois le volcan en a tant faits, que les ossements ne sont pas chose rare dans ces régions sinistrées.

Et le chat jaune?

Cette peau sur le mur est la sienne.

--Il aura crevé depuis mon passage. On l'a écorché, voilà tout, se persuade Moursault, malgré lui gagné par un grand malaise, et suivant à petits pas Fonsine que s'en va désespérée.

Quelqu'un les rejoint en courant.

--"Il" vient, Fonsine! "Il" arrive!

"Il"? C'est Florius, mandé par le village entier, après force délibérations et palabres, au chevet de la centenaire.

Florius? Ni rebouteux, ni médecin. Un quimboiseur*. Le plus réputé de tous des bords de la mer aux pitons. On dit que son regard paralyse l'élan du serpent prêt à bondir sur sa proie.. Un mot, et il détruit l'effet des philtres et poissons, les rend inoffensifs, comme l'eau douce de la ravine. Tous ont entendu, aux veillées, l'histoire de ce duelliste qui tira par six fois sur un adversaire imperturbable. Florius, à la science profonde, mystérieuse, peut d'un geste, rendre les armes impuissantes. Lorsque les zombis*, les nuits de nouvelle lune, déchirent les airs de leurs ailes velues, ils se gardent bien de buter contre le toit de Florius. Les chevaux à trois pattes qui rôdent autour des cases évitent son clos. Les clouer au sol, serait un jeu d'enfant pour lui.

Il les tient tous en échec, les sorciers du pays! Tous! sauf Vié Rose...jusqu'à aujourd'hui. Car il est venu, ce soir, pour se mesurer à elle!

--Au point où elle en est, il ne risque pas gros! raille Moursault.

--La partie est plus que jamais difficile, chuchote quelqu'un auprès de lui. Dégager* Vié Rose au moment de la mort, c'est arracher son âme promise au démon des griffes de celui-ci.

--Le spectacle de ces diableries ne vous vaut rien, Fonsine. Rentrez chez la mère Tensia, allez vous reposer. Que Vié Rose soit ou non, à jamais damnée dans l'éternité, que vous importe?

--Non, Monsieur! Qu'elle reste! Fonsine est jeune, elle ne sait pas! Vous, il est tout naturel que vous parliez ainsi. Vous avez goûté aux fruits et légumes du pays, mais nos coutumes vous demeurent étrangères. Croyez-moi, la petite a tout intérêt à s'en retourner chez Vié Rose, au moins jusqu'à ce que Florius se prononce.

--Mais peut-il quelque chose pour Fonsine?

--Qu'elle aille s'en assurer!

A parlementer ainsi, ils manquent l'entrée de Florius. Autour de la hutte, et dedans, règne le plus profond silence. Pourtant, foule bigarrée, curieusement recueillie, cinquante personnes attendent à la porte. Nul n'est admis à l'intérieur. Assises à même la terre, un coude dans une main, le menton dans l'autre, les commères se consumment d'angoisse.

Brusquement, un grand nègre apparaît sur le seuil. Blanc de poils, large d'épaules, encore solidement campé sur ses jambes. Ses vêtements de coutil blanc sont impeccablement lissés au fer.

Il a dompté Vié Rose, puisqu'elle se tait. Mais pour avoir si totalement raison d'elle, l'aurait-il achevée, songe Moursault?

Pas trace de lutte. Nul pli suspect à sa veste. Rien n'indique l'effort récent...Si, cependant. Une lassitude sur la face, et le regard trouble, chargé de fatigue des yeux injectés de sang; un imperceptible mouvement des épaules, certainement fléchies par l'abandon des bras ballants, des mains ouvertes.

Une minute, il respire en profondeur, comme s'il sortait d'une fournaise. Puis, il regarde la foule, et sans élever la voix, il s'adresse à tous.

--Rose touche au terme de son agonie. Mais il nous faut l'aider à mourir. Pour guérir du mal qu'elle vous a fait, pour la secourir, approchez, vous tous qui avez un crime à lui pardonner!

Combien de sorts a-t-elle donc jetés, le long de sa route misérable? Sur un signe du vieil homme, toute une troupe sort de l'ombre. Dix, quinze, vingt visages marqués de détresse! Boiteux, borgnes, malades, mendiants couverts de vermine, avancent, se tenant la main. Et Fonsine ferme le cercle.

Au milieu on dresse un bûcher.

Pas de n'importe quel bois. Certaines espèces végétales--grand consoul et vétiver par exemple--n'ont-elles pas des vertus secrètes?

La fumée monte en minces filets. Gonflés de sève, les rameaux de bois verts résistent, crient sous les morsures du feu.

Pourtant, la braise gagne. Les flammes lèchent leur proie: dûment frottée de sel, dont les grains crépitent sec, la peau rayée de jaune, la peau du fameux chat, s'étend sur le foyer.

Soudain de la hutte, jaillit un hurlement, cri de bête martyrisée , de bête écorchée, de bête brûlée, vive. Il semble prendre corps dans l'espace, puis, exploser, voler en éclats menaçants qu'on reçoit partout, sur le crâne, dans la poitrine, aux entrailles.

Entre les flammes voraces, la peau se ramasse et se tord, comme une chose vivante.

Des reflets rouges dansent sur les faces des figurants de l'immobile et macabre ronde. A peine osent-ils se signer. Passent des secondes qu'aucun sablier ne saurait réduire à sa mesure.

Les cris s'apaisent. Des plaintes sourdes, puis, plus rien. De nouveau, le silence, compact et serré. Pas même le vol lourd d'une chauve-souris, ni l'appel d'un grillon. Les cabris-bois interloqués, ont perdu la voix.

Dans la hutte, maintenant, chacun peut voir "Vié Rose", les mains décharnées, jointes sur la poitrine. Son corps flotte dans les plis d'une longue robe de brillanté blanc. Une petite vieille, comme tant d'autres, squelettique, centenaire, et vénérable.

Dans une assiette à son côté trempe un brin de buis dans l'eau bénite. A son chevet brûle une paire de cierges.

La charité du village n'a pas souffert la moindre négligence à la toilette mortuaire.

Fonsine passe à travers les rangs de veilleurs, installés dans l'herbe, avec des tasses de café noir fumant.

--Fonsine? J'avais rapporté plusieurs portraits d'elle. Un ou deux surtout, du temps où, belle de sa quiétude recouvrée, de son amour épanoui, elle exhalait son opulente jeunesse en gais refrains antillais. Mais aucun ne me tenait à coeur comme celui-ci.

Voyez, murmurait Moursault, ici son regard est encore chargé de son mal mystérieux.

Michèle Lacrosil

(1915-)

Contrary to what some critics have said, Lacrosil did not come to writing late in life. The following piece dates from the end of the war years when the author was already contributing to the *Revue guadeloupéenne*. On the other hand, she did not pen her first novel *Sapotille* until 1960, while she was teaching in France. Like all three of her novels, it depicts a profound sense of personal inadequacy. Several of Lacrosil's major characters commit suicide; others survive with difficulty. At the height of her writing career, Lacrosil herself committed a kind of professional suicide, suddenly ceasing to publish. With its aura of mystery and popular superstition, the story included here, though written in 1947, already hints at the tragedy which pervades so much of Lacrosil's work.

Noël à Masselas

--C'est là, madame.

Je suivis des yeux la direction qu'indiquait le doigt tendu de l'homme. En contre-bas, en effet, quelque chose luisait. Masselas. La mare du Morne* Masselas.

--Elle est *sans fond*, madame. Des plongeurs ont cherché en...En vain. Ils remontent tous, sans avoir pu apercevoir le fond...

--C'est que l'eau est trouble...

--Le gouffre est insondable, madame. Ça vous a un petit air paisible, mais ça aboutit on ne sait où...L'abîme. Dans ces profondeurs glauques, des ténèbres massives et des phosphorescences se meuvent lentes, comme des mouches à feu qui croisent dans la nuit, et l'oeil devine leurs corps plus sombres... Au fond de la mare du Masselas, ce que vous apercevez, pour peu que vous soyez née coiffée, c'est l'ombre de la Dame Blanche pleurante parmi des ombres. Si quelque nuit sans lune vous passez (Dieu vous en garde!) au bord de la mare du Masselas, et que voyez luire ses yeux semblables aux lucioles, marchez, marchez droit devant vous, sans tourner la tête de peur qu'elle ne vous appelle. Une femme, voyez-vous...Vous risquez gros. Le plus prudent est de lui allumer un cierge, que vous poserez sur une assiette neuve avec trois acras* chauds, et le lendemain, quand l'aube déchirera les voiles brumeux des mornes, vous lui mettrez cette offrande sur la mare: elle l'aura agréée si l'assiette flotte parmi les nénuphars...

--Quelle sorte d'assiette?

--Une assiette blanche, et dont on ne se sera point encore servi.

--Et qui va flotter?...

--Oui, madame, si la Dame-qui-revient se satisfait de vos offrandes. Elle ne vous pardonnerait pas moins de l'avoir surprise, et chacun sait que la nuit de Noël elle réclame au moins ce réveillon. Les gens de par ici ont coutume de lui apporter, dans la soirée du 24 décembre, avant la tombée de la nuit, cest-à-dire entre six et neuf heures du soir, des assiettes garnies d'un cierge et de trois acras. Ils viennent, isolément ou par petits groupes, traînant après eux leurs vaches ou leurs truies; car chacun sait que les animaux qui ont bu à la mare de Masselas durant la nuit de la Nativité ont des portées bien venues et vivaces. Mais nul ne doit veiller au bord de cette eau le long de la nuit de Noël, sinon...

La suite de ce discours m'est aussi complètement sortie de la mémoire que si je fusse subitement devenue sourde. C'est que, supprimant mon compagnon disert et ses racontars, mon attention s'occupait toute à embrasser le site Masselas.

*

* *

Masselas est sur la route qui, de Pointe-à-Pitre, mène aux Grands-Fonds de Sainte-Anne.

Les Grands-Fonds...

Une théorie de mamelons l'un près de l'autre posés,--collines arrondies en dômes que l'on appelle des mornes. Entre ces mornes, les "fonds" ou creux: vallées en forme de cuvette que le matin trouve emplies de buées. Les maisons se haussent au plus haut des mornes; au petit matin elles émergent lentement des fonds vaporeux qui s'étendent alors et se joignent, et c'est comme une mer de brumes. Les brouillards peu à peu quittent les fonds, s'élèvent, glissent le long des mornes leurs écharpes diaphanes que le soleil irise, et puis s'effrangent et diluent des loques de muées colorées à travers un ciel bleu incertain. Dès que le soleil monte, il ne demeure plus dans les fonds que la mare d'eau croupissante, telle une illusion après un grand espoir.

J'avais longtemps, de ma fenêtre, contemplé ces levers de soleil et l'évanouissement des brumes matinales, et comme j'allais clamant mon admiration, chacun me répétait: "C'est de Masselas qu'il faut voir ça..."

Masselas...Des mornes plus raides, bossués, boisés, où la route blanchâtre met une coupure vive. Du haut du morne, le promeneur domine les faites des manguiers et des arbres-à-pain* qui poussent en contre-bas dans la vallée ombreuse. Tandis que la route montre ses roches crayeuses comme des plaques plus blanches dans la grisaille des poussières, les fonds verdoyants virent du vert foncé au noir profond. Ces fonds fertiles recueillent les eaux pluviales et concentrent les activités pastorales; le paysan y mène boire sa bête, y puise l'eau de son bain et de sa boisson: il déclare potable, il la tient pour miraculeuse et, puisqu'il peut en boire, on l'en croit sans peine...Chaque mare a sa légende, et celle de Masselas évoque de tels mystères...

Mais tout est mystérieux au site du Masselas. Cette route blanchâtre qui tantôt grimpe et tantôt dévale au caprice des mornes, et semble fuir, cette végétation d'un vert puissant à qui l'aperçoit de haut mais qui se teinte de gris-argent si on la contemple du pied des arbres (et l'envers des feuilles semble soyeux), et la mare enfin, cette mare essentielle, tout tend à composer un paysage mystique, les mornes, les fonds, et cette mare. Ainsi l'ondulation de ces vagues figées, ainsi nos élans et nos espérances. La violence du soleil par là-dessus... Difficile de trouver à midi un coin d'azur à accrocher votre regard. Mais si vous pénétrez sous le couvert des arbres, la froide humidité des feuillages superposés s'épanche en ombre douce, opaline, quasi-crépusculaire. Un tapis de feuilles pourries feutre vos pas, quelque anolis* discret se faufile le long des troncs, un insecte crisse à peine,--juste de quoi rendre sensible le silence. Aucun clapotis n'annonce la mare. La voici pourtant, luisante, sans une ride, immobile, et comme d'un seul bloc. Une coulée de métal lourd, qu'avive en plein centre un miroitant reflet. Quelque jet de soleil s'est brisé là, réfléchi, absorbé dans l'eau dense que des détritus végétaux encerclent. Chances* frêles, mousses douces, ou nénuphars pâles s'alignent sur les bords de la mare du Masselas, les vêtent, les décorent, les camouflent. Et l'on ne sait plus où finissent les mousses, où commencent les eaux. Seules les larges empreintes des pas des boeufs, imprimées dans la vase, indiquent la voie passante, mais la boue nous retient...

*

* *

--Impossible de passer par là!...

--Ah! déjà la mare vous attire! Ayez garde, madame. Cette mare a causé plus d'un malheur...Si vous voulez arriver au bord même du Masselas, prenons cet autre sentier...Par ici, c'est le passage des bêtes. On y mène les boeufs, tout le long de l'année, car la mare du Masselas, au rebours de bien d'autres, ne sèche jamais. Les bonnes gens croient que les larmes de la Dame-Blanche contribuent à l'alimenter. Aussi trouvent-ils à ces eaux des vertus singulières. Comme de rendre loquaces les bêtes qui en auraient bu pendant la nuit de Noël. Le reste de l'année, on laisse les animaux divaguer à loisir dans les fonds: vous savez que les bêtes, chez nous, dorment en pleins champs. Mais pendant la nuit de la Nativité, on a soin de les parquer loin de Masselas. Sinon, Dieu sait ce qu'on entendrait ensuite.

--Vous dites?

--Oui, oui, vous pensez: le vieux déménage...Je sais bien pourtant qu'il se passe d'étranges choses par ici, à la Noël.

--Vous n'allez pas me dire que vous avez entendu...

--A vrai dire, non, pas moi. Vous comprenez. Je n'y étais pas. Personne ne me ferait consentir à passer ma Noël à Masselas. Non. Pas tant qu'il y aura du rhum chez le vieux Jo. Mais le Père Clément, lui, il a entendu...Et le vieux Jo lui-même...Le vieux Jo pourrait vous raconter, s'il le voulait, bien des choses...Des choses comme ça, qu'il tient de ses vieux parents. Ah! il s'en est passé de belles, par ici, dans le temps!...

Ce que le vieux Jo me raconta ce soir-là, je vous l'avoue franchement, je n'y ai pas cru. Mais je suis si sceptique, dit-on...D'autre part, le vieux Jo est très affirmatif. Peut-être vous laisserez-vous convaincre?

*

* *

En ce temps-là (c'était en 1847--le 24 décembre 1847) tout était sens dessus-dessous à l'habitation* du sieur de Masse-Lasse.

Dans la cuisine des maîtres, on préparait le réveillon: la dinde traditionnelle, le punche flambé, le pudding à l'anglaise...Les esclaves s'affairaient, empressées à complaire, et cependant impatientes de vaquer aux préparatifs de leur fête propre...Car ce soir, comme autrefois, on danserait le calenda* dans les cours, entre les cases closes. Il convenait de fêter dignement la Noël, cette fête des blancs. Et comment ne pas danser quand on a la joie au coeur? Tout allait si bien grâce à Sédor! Ah! ce Sédor! Et c'était la Noël...et l'on allait conjurer pour initier Sannahar.

Sannahar était ce grand nègre (1 m. 80, 83 kilogs, avait dit le maître) que Sédor avait guéri du haut mal*. Comment Sédor avait fait? Il avait conjuré les esprits malfaisants qui possédaient Sannahar et le terrassaient. Mais, pour parfaire la guérison, il convenait que Sannahar fût initié aux rites puissants. Ce serait cette nuit, à minuit, à l'une de ces croisées de routes où errent les revenants. Puis à trois dans l'étang voisin...Puis ce serait la danse rituelle...et les hommes auraient faim...

Dans la cour des esclaves, on préparait le réveillon. Vite, le sang déjà se caille de la graisse de porc, des cives hachées menu, du sel fin, une poignée de poivre, un piment boer et trois clous de girofle: que le boudin emporte tout! Du piment encore dans le carry de cochon;, dans le riz à la créole, et dans la pâte des acras! Une bonne pointe d'ail pour relever l'épaule de mouton, que l'on mangera dégouttante de sauce, avec des cassaves de manioc*! Une pincée de sucre dans les pois d'Angole! Un zeste de citron dans le punch congo et dans le shrub* doré! C'est la Noël, et l'on initie Sannahar!...

Les esclaves noires, dans les cours, s'affairaient en chantonnant à bouche fermée. Les feux autour des cases brillaient. Sur trois roches, les marmites pleines étaient posées. Elles bouillaient à petits coups; à chaque soubresaut des couvercles, des fumets capiteux s'exhalaient. Des enfants nus poussaient en riant les tisons enflammés jusqu'au fond des fournaises, et puis couraient chercher le bois entassé dans les cases pour en alimenter les foyers. C'est que les feux ne devaient pas s'éteindre, afin que le boudin, le carry, et le riz et le cochon, et le mouton, et le coco grillé fussent prêts à la mi-nuit. Des chants, de ci de là, s'élevaient. Les uns, enthousiastes, clamaient la joie des ripailles; les autres, mélancoliques, évoqaient l'Afrique perdue; quelquefois, c'était comme un appel, et quelquefois comme un regret. Des voix jeunes scandaient cet hymne à la liberté qu'un certain Menton avait lancé là-bas, dans l'île jumelle, vers les Trois-Rivières; des voix plus graves murmuraient des mélopées mineures sur le rythme sacré dévoué au Vaudou*. Ceux-là épelaient les rites de l'initiation prochaine...

Cependant, chez le maître, l'animation n'était pas moindre. Mme de Masse-Lasse, enfermée dans sa chambre avec sa vieille Da (ainsi nommait-elle l'esclave qui lui avait servi de nourrice sèche) se faisait répéter une dernière fois les prescriptions de Sédor. Donc, une chemise neuve, un coq noir, une poule blanche une assiette, une bougie, trois acras...Comment Alice de Masse-Lasse en était venue à consulter Sédor. C'est qu'elle n'avait pas d'enfant. Sept années de mariage! Elle languissait. Ni l'eau de coco bue à jeun, ni le poisson consommé chaque soir ne portaient remède à la chose. Les médecins de Pointe-à-Pitre, consultés ensuite, avaient chuchoté très bas. Le mari avait tendu l'oreille...Il avait cru saisir (peut-être à tort) les mots de malformation congénitale. Les collatéraux ricanaient. A qui reviendrait le domaine à la mort de son propriétaire? Ce vieux safre de Gaston Danghot parlait (déjà) en maître du lopin planté d'ignames blanches. Les Pordenais en tenaient pour le carré de cannes. Et les cousins les plus proches, les Cuyoux, lorgnaient l'habitation principale, la demeure familiale qui enchantait non point tant par l'harmonie de ses proportions que par un charme très particulier. Il tenait, ce charme, au goût avec lequel la maison avait été meublée et décorée par Mme de Masse-Lasse. Ce n'étaient que meubles de mahogany, tentures de paille tressée, stores de bambou fin, potiches de plantes grasses, et des oiseaux dans des volières, des brassées des fleurs capiteuses, et des coussins, et des parfums...Maintenant, Alice de Masse-Lasse se désintéressait de sa demeure. Pas d'enfant. Qui recueillerait l'héritage de la vieille tante Cavanières? Qui assurerait la continuité du nom et de la possession du domaine héréditaire? A quelles mains écherrait Masse-Lasse? Ces cousins odieux...Et comment retenir au logis un époux volage? Pas d'enfant...Elle avait confié son angoisse à sa vieille Da, et la négresse avait parlé de Sédor.

C'était un nègre nouveau et non pas même un nègre, mais un Peul*, que les nègres créoles avaient tout de suite adopté avec cette fraternelle solidarité si forte alors. Les Peuls, en Afrique, étaient des hommes libres. Cependant quelque pourvoyeur d'esclaves en enlevait deux ou trois, de-ci de-là. qu'il revendait très cher aux négriers, de sorte qu'ils étaient rares et recherchés. Les Peuls, on le savait, commandaient aux génie et aux boeufs. Comment? Par artifices et maléfices. Si Sédor consentait à conjurer...Toutes les puissances invisibles lui étaient soumises. Mais il faudrait prendre les remèdes qu'il indiquerait, lui obéir en tout...Ce Sédor était un sorcier réputé. N'avait-il pas guéri Sannahar du mal d'épilepsie? Et surtout (mais cela, la vieille Da ne le dirait pas à la maîtresse:

mais la maîtresse ignorait-elle?) surtout il avait débarrassé l'atelier du nouveau commandeur. Comment il s'y était pris? Vingt boeufs étaient morts, comme cela, un chaque jour, à la même heure. Certains esclaves terrifiés de ces mort attendues et, à jour fixe, obtenues, étaient partis marrons*. Le travail suspendu, en pleine roulasoir*. C'était la ruine proche. Que devenir? M. de Masse-Lasse avait dû se résigner à renvoyer ce nouveau commandeur contre la venue duquel les esclaves protestaient tout bas, sans qu'on sût pourquoi, sans qu'il leur eût donné encore matière à plainte. Mais les nouvelles mystérieusement propagées (au son du tam-tam, peut-être?) avaient fait au nouveau commandeur Malendure une réputation déplorable: il était question de l'emploi de nerf de boeuf, de lianes brûlantes, de pimenlade et autres tortures: l'atelier s'était affolé: certains esclaves avaient parlé de "retourner dans leur pays natal" en buvant du poison. Car les esclaves noirs se persuadaient que la mort leur restituait leur patrie. Cependant Sédor s'était fait fort de délier les esprits malfaisants qui distillent les empoisonnements--et les boeufs étaient morts, puis ça et là quelque escalve, et le maître avait cédé, et tout était rentré dans l'ordre. Et, cette nuit, c'était la Noël, et l'on danserait le calenda.

Ah! le calenda! La danse défendue! Les battements des pieds au rythme des tam-tam! Les stridences des triangles dominant les cha-cha*! Et les chants des chanteurs en cercle dans les cours! L'appel des mains qu'on frappe; l'appel des pieds qui battent, la file des danseurs qui déferle et se rue vers les négresses douces, parées de colliers d'or: elles ondulent, hésitent, et puis se précipitent, et leurs jupons joyeux éventent leurs pieds bruns; les madras* haut noués oscillent en mesure, et l'on perçoit le choc des corps souples et forts, le heurt des cuisses opposées, le jeu des paumes qui se font face, claquent l'une contre l'autre, claquent celles du partenaire, claquent les genoux durs, s'élèvent en cadence, dessinent en l'air des arabesques de refus, retombent nonchalantes,--et puis c'est un sursaut des reins, un bondissement, en arrière pour encore recommencer l'approche des pas cadencés et le choc des corps qui s'électrisent...Personne ne pouvait demeurer insensible au rythme fou des calendas. Même la vieille Da hochait la tête en mesure...

Cependant la maîtresse ayant réuni les offrandes prescrites et les ayant confiées à la garde de l'esclave, se rendit chez son mari pour lui dire sa complète fatigue, et qu'elle ne pourrait l'accompagner à la messe de minuit. M. de Masse-Lasse décida de se rendre seul à l'église des Abymes, ou plutôt de s'y rendre avec le vieux Roberts, cet ancien commandeur que malgré son grand âge il avait dû reprendre. Puisque l'atelier avait jeté l'ostracisme sur ce pauvre Malendure! Le tout, pour le maître, n'est-ce pas, c'est de savoir obéir à temps sans qu'y paraisse! Ainsi son autorité demeure intacte. Il fit donc préparer sa calèche, et fouette chevaux!

Sitôt après le départ de son mari, Mme de Masse-Lasse soupira d'aise. Elle l'aimait, bien sûr, et ce qu'elle allait tenter, en somme c'était pour lui. Elle avait tellement craint que son mari demeurant au logis, il lui soit impossible de sortir. Car comment, je vous le demande, quitter la chambre conjugale à minuit quand le secret est exigé sur vos démarches? Or il fallait garder le secret. Sédor en avait fait la condition du succès. Impossible donc de choisir une autre nuit que celle de Noël: M. de Masse-Lasse ne manquant guère la messe de minuit et, sauf exception, ne découchant pas. Peu probable d'ailleurs que M. de Masse-Lasse s'opposât à ce que soient essayées telles ou telles pratiques magiques, désireux qu'il était d'un héritier. Et pourtant, Dieu seul sait s'il ne s'y fût opposé! C'était Noël: les esclaves respectueux d'habitude, étaient en liesse et déjà déchaînés par la perspective de leur bal. Cependant le Code Noir* frappant de mort l'esclave qui lèverait la main sur une personne de race blanche, Mme de Masse-Lasse se sentait en sécurité. Et puis, les esclaves les aimaient, son mari et elle. Qui les visitait, et palliait leurs différends? Qui s'occupait de leurs habits comme de l'équitable répartition de leurs rations? Qui les soignait quand ils étaient malades? Les esclaves étaient fidèles et affectueux, et parmi eux, elle était en sécurité. Ce Sédor conjurerait pour elle les démons qui éloignent la stérilité, puis très vite avalerait comme convenu le punch ferré* et tout irait bien...

Donc, un peu avant minuit, elle sortit seule, portant les présents rituels vers l'étang proche (ce n'était qu'un très petit bassin, presque un marécage, à cent mètres de l'habitation). Elle devait y boire trois gorgées d'eau puisées de la main gauche, et lancer de l'autre main trois jets d'eau derrière son épaule droite.

Sur la route qui mène aux Abymes, le sieur de Masse-Lasse, emporté par quatre chevaux tanguait de bosse en trou quand il aperçut courant et se hâtant à larges enjambées la petite Agenna, cette fille que sa femme et lui avaient fait affranchir d'un commun accord, en récompense du dévouement qu'elle leur avait témoigné lors de la maladie et du décès de la vieille Mme de Lasse-Lasse. Agenna, disait-on, s'était promise à Sédor. M. de Masse-Lasse ordonna d'arrêter, et, l'interpellant la jeune fille, s'enquit du lieu où elle se rendait, et puis lui fit reproche de s'être, sans son aveu, engagée à ce Sédor.

"Depuis quand, disait le maître, l'esclave dispose-t-il de soi sans le consentement de son propriétaire? Nous t'avons affranchie, oui, mais c'est bien mal montrer ta gratitude que d'en agir ainsi avec nous. Et Sédor est notre esclave...Pour t'apprendre, nous t'emmenons à la messe de minuit où tu demanderas à Jésus-Enfant de te pardonner ce pêché. Ainsi tu manqueras une bonne part du bal, et ce sera ta juste punition. D'ailleurs, nous croyons savoir que M. le Curé déteste qu'on danse le calenda..." La petite répondait qu'il la laissât aller, qu'elle avait horreur de se sentir rouler en voiture, que cela la rendait malade, et que d'ailleurs Sédor l'attendait pour ouvrir le bal...Il serait son vis-à-vis lorqu'on s'alignerait pour danser le calenda...M. de Masse-Lasse riait, Roberts criait, disant que c'était là un bon tour à leur jouer que d'emmener la petite et même le brave Coumbé, le cocher, riait à en lâcher les rênes.

Leur joie était sonore et candide. Et pourtant ce fut à cause de cette innocente facétie que les choses se gâtèrent...

Ne voyant pas arriver Agenna à l'heure convenue, Sédor changea inopinément l'ordre prévu des cérémonies, et leur temps. Il initierait tout de suite Sannahar pour en avoir fini à minuit (au lieu de travailler* de minuit à trois heures du matin comme il l'avait pensé d'abord: ainsi Sannahar fut amené à se trouver vers minuit aux alentours de l'étang où, faites-bien attention à cela, je vous prie, il ne devait primitivement se rendre qu'à trois heures du matin...).

De cette façon, Sédor escomptait être libre très tôt et se consacrer à loisir à faire danser sa partenaire.

Depuis sept jours, Sannahar jeûnait. De l'eau de riz, de l'eau de coco, du coco haché avec du manioc, constituaient toute sa nourriture. Or les rites comportaient l'obligation pour l'initié d'avaler un plein coui* de rhum blanc. Sannahar ne sentait plus ses jambes. Sa tête était lourde. De vastes trébuchements lui faisaient décrire des courbes inattendues chaque fois qu'il tentait de faire un pas, et voilà que Sédor venait de lui souffler de se rendre à l'étang pour s'y tremper trois fois, tout nu, et d'en revenir sans s'arrêter, sans regarder derrière lui, sans parler à quiconque, faute de quoi!...Ensuite, à la fourche des routes où se croisent quatre chemins, on sacrifierait un cabri noir.

Maintenant, l'initié avançait, fin soûl, et les yeux mi-fermés, vers la mare connue. Et comme il allait, bras tendus, tête ballante, il reçut en plein visage un jet d'eau froide qui lui fit fermer tout à fait, puis ouvrir tout grands les yeux. Droit devant lui et lui donnant le dos se tenait une grande femme blanche, ensachée d'une chemise. Un spectre! Un "mort"! un zombi*! je ne sais quelle terreur panique souleva tout à coup Sannahar. Toutes les superstitions, toutes les inquiétudes lui revinrent, avec des lambeaux d'histoires contées aux veillées quand rôdent les zombis maléfiques Essayez, madame, de comprendre ce qui se passa dans l'âme défaillante de Sannahar. Il poussa un hurlement, prit ses jambes à son cou, bondit droit devant soi en une course éperdue qui l'amena à contourner la mare. Quand elle entendit ce cri, Mme de Masse-Lasse, qui en était à sa seconde gorgée, se retourna malgré elle, et, voyant cet homme tout nu, y reconnut, elle aussi, le zombi dont la vieille Da avait bercé son enfance. Sans s'attarder devantage, elle se précipita en sens inverse. La mare était ronde, nos gens qui la contournaient, affolés, se rencontrèrent à nouveau, et chacun s'imagina que l'autre était un spectre acharné à le poursuivre. Rassemblant leurs forces, ils se précipitèrent, l'une en un nouveau périple autour de la mare, l'autre vers le morne, qu'il escalada hors d'haleine, pour déboucher sur la route, juste en avant de la calèche qui s'en revenait benoîtement des offices, ramenant Masse-Lasse et ses gens. Les chevaux surpris se cabrèrent, et versèrent, dégringolant le morne à pic pour s'abîmer dans l'étang.

A la fourche des routes où Sédor et ses comparses attendaient, ayant ouvert le cabri et sorti son coeur saignant, on vît déboucher un être hagard qui se précipitait comme s'il eût eu l'enfer à ses trousses. Il hurlaît une histoire de zombi et de voiture où nul n'entendait rien. On se précipita. Émergeant à peine de la mare il y avait des débris de calèche fracassée, et l'on voyait se dresser, convulsive encore, une patte de cheval. Moitié nageant et moitié s'agrippant, Sédor et les siens ne tirèrent de dessous la voiture que les corps irrémédiablement écrasés de Roberts et de Masse-Lasse qui tenait par le bras une Agenna dont les yeux grands ouverts exprimaient la terreur qu'elle avait ressentie au moment de mourir.

Quelle réflexion se fit Sédor? Il fit entendre aux autres esclaves qu'il convenait de taire l'accident. Sinon, quelqu'un d'entre eux se verrait accusé de l'avoir provoqué, et paierait cher la chose. On poussa donc au plus profond de l'eau les débris de la calèche et les restes de ses occupants, et nul n'en souffla mot. L'on retrouva le lendemain le vieux Coumbé, le conducteur, suspendu par sa chemise à la branche d'un manguier qui l'avait retenu lorqu'il avait été précipté de son siège,--et c'est ce même Coumbé qui raconta plus tard cette aventure à son petit fils Jo de qui je la tiens...

Quant à Mme de Masse-Lasse, il paraît qu'elle rentra chez elle dans l'état de stupeur que vous devinez. La malheureuse se rendait chaque soir sur les bords de l'étang, portant une bougie posée sur une assiette, dont elle se servait, disait-elle, pour tâcher d'apercevoir les restes de son mari. Elle mourut folle, peu de temps après. Mais à chaque nuit de Noël, elle hante les bords de la mare de Masselas, appelant son époux, ses gens et ses chevaux--et Jo affirme les avoir, les uns et les autres, entendu répondre...

--Et c'est depuis ce temps que la mare est hantée?

--Oui, madame. Et voilà pourquoi personne ne s'attarderait sur les bords du Masselas pendant la nuit de la Nativité...La demeure abandonnée tomba en ruines, car les héritiers épouvantés de la disparition subite des membres de la famille de Masse-Lasse la déclarèrent inhabitable et sinistre...La mare, cependant chaque année, s'élargit, soit que l'abondance des eaux de pluie la fasse déborder, soit que la Dame-qui-revient, fouillant son lit pour retrouver ceux qu'elle a perdus, ne l'ait elle même agrandie...

Jacques-Stephen Alexis

(1922-1961)

Though a native of Haiti, like so many other Caribbean intellectuals of his time, Alexis was Paris-educated. The Metropole* gave him more than a medical degree, for he was soon inspired to turn from medicine to writing in behalf of human freedom and equality. His polemical essays speak of a future federation of peoples, born of the "same servitude and the same battles." In the manner of politically-committed authors like Sartre and his Haitian elder, Roumain, Alexis used fiction for didactic purposes. The hero of his first novel, *Compère Général Soleil* (1955) dies for his Marxist convictions. Even a voodoo-tale like the one published here draws much of its inspiration from the author's need to challenge the hegemony of European Catholicism. After his return to Haiti in 1961, Alexis was tracked down for his revolutionary activities by Duvalier's private henchmen, the so-called "tontons-macoutes" and, like the hero of his first novel, paid with his life for his political radicalism.

L'Inspecteur d'apparences

A vingt-cinq mètres du hameau de Carrefour-Gros-Chaudière, le moteur se mit à grelotter, à éternuer et à gargouiller si subitement que l'inspecteur Antoine Grandisson en demeura perplexe. Il était aussi angoissé devant ce hoquet incoercible que lorsque sa pauvre et malheureuse bonne femme de mère était en proie à ses atroces crises d'angine de poitrine. Que pouvait avoir cette voiture à laquelle il avait sacrifié ses premiers appointements et pour laquelle il s'était imprudemment endetté? Après avoir acheté cette Plymouth d'un modèle pas trop ancien, 1954, il l'avait cependant laissée huit jours au garage Barreyre pour un contrôle complet du moteur.

La nuit tombait quand la voiture parvint au bourg de Petite-Rivière de l'Artibonite. Antoine Grandisson s'arrêta à la première maison décente et, avisant une bonne femme, l'interrogea sur la demeure du général Lafumin. Cette bourgade délabrée, où se voyaient d'incontestables restes d'une ancienne splendeur, avait cependant quelque chose d'ambigu, d'antique, de poussiéreux, de désolé, qui n'était pas fait pour attacher un Port-au-Princien qui n'était jamais sorti de sa ville.

--Et qu'est-ce que vous lui voulez, au général Fafumin?...

Il dut expliquer et préciser qu'il était attendu par le vieux militaire en retraite, qu'il devait "descendre" chez lui pendant son séjour à la Petite-Rivière.

--Ah?...Eh bien, allez jusqu'à la Maison du Roi et là vous redemanderez...

La Maison du Roi? Que voulait dire cette commère? Il se résolut, malgré l'accueil un peu frais qu'elle lui faisait, à la questionner de nouveau. Elle lui jeta un regard scandalisé et inamical.

--Vous n'avez jamais entendu parler de la Maison du Roi?...Vous n'êtes pas haïtien alors?...Le Palais!...Le Palais aux trois-cent-soixante-cinq portes!...

Elle lui tourna le dos. Elle ne semblait pas aimer les étrangers, celle-là.

Mais en effet, où avait-il la tête? Il avait oublié qu'il se trouvait dans cette vieille localité que le roi Henry avait choisie au lendemain de l'indépendance, pour y construire l'une de ses plus légendaires résidences, le plus fastueux, le plus incroyable et le plus gigantesque de ses palais, après la fameuse citadelle Laferrière! Le vieux monument était méconnaissable, ignominieusement barbouillé et restauré dans le style administratif. Il le reconnut à peine et après avoir quelque peu demandé, il se trouva en présence de la maison du général Pétion Lafumin.

Complètement penchée et crochue, la maison était une chambre-haute* tout en bois, à façade étroite, dégingandée et biscornue. La galerie du rez-de-chaussée était ornée de longs piliers de bois, longues pattes de faucheux, qui soutenaient la pièce en surplomb de l'étage supérieur. Celui-ci était orné d'un balcon en avancée dont le plancher était sérieusement pourri. A travers les trous et les planches manquantes de ce balcon, on pouvait distinguer sous la toiture de grands nids d'oiseaux qu'on ne voyait pas. Coiffant le tout, s'élançait vers les grandes eaux violettes du ciel vespéral un toit d'ardoises, effilé et tranchant, percé de lucarnes et d'oeils-de-boeuf biscornus, torves, réduits presque à une fente palpébrale ironique, on dirait. Sous sa peinture tout écaillée, on ne pouvait donner de couleur précise à cette antique habitation*, mangée de vers et de poux de bois. Les deux portes en étaient fermées. Antoine Grandisson descendit de voiture, prit sa valise et sa serviette de documents et alla frapper. N'obtenant pas de réponse, il remarqua qu'il y avait un portail entrebâillé sur un corridor, à la droite de l'immeuble. Après un instant d'hésitation, il se décida et s'y engagea.

L'étroit corridor--soixante centimètres de large tout au plus--était occupée par une profonde rigole où courait une eau savonneuse. Pour pouvoir y progresser, l'inspecteur dut poser avec précaution les pieds sur les plans inclinés de ce caniveau. Plusieurs fois il faillit glisser sur la mousse et s'étaler. Il parvint enfin dans une cour étroite où il distingua une tonnelle où se contorsionnait une vieille vigne sur laquelle se poursuivaient à coeur joie des petits lézards verts et prestes, au milieu des frondaisons et des grappes de raisin protégées par des sacs en toile. Un puits rond, à la margelle noyée sous les plantes grimpantes, s'élevait au milieu de la cour, s'adossant à un grand bassin entouré d'une palissade de bois. Au fond, à droite, il y avait une stalle d'écurie où un vieux cheval balzan, maigre et frissonnant, agitait sa longue queue pour se protéger des moustiques et des moucherons qui pullulaient. Le cheval se détourna, posa sur le visiteur son oeil rouge filigrané de sang et recommença à mastiquer l'herbe de sa mangeoire. A gauche, il y avait les communs, mais Antoine Grandisson n'y remarqua personne. La maison était ouverte sur une pièce d'escalier qui servait également de salle à manger. Le couvert était mis, quatre couverts. Antoine Grandisson se mit à appeler:

--Honneur!...Il n'y a personne?...Honneur!...

Il entendit un remue-ménage dans la maison, un curieux bruit d'animal en mouvement et aussi une percussion sonore, itérative et rapide. Soudain, un roquet bondit vers lui, montrant méchamment les dents. Antoine Grandisson recula d'un pas et remarqua alors que le chien avait une béquille de bois en lieu et place de la patte arrière gauche. Le cerbère défendait bien la porte.

--Honneur!...Honneur!...

Le chien aboyait hargneusement. Le voyageur entendit alors un nouveau bruit.

Une femme descendait l'escalier, une femme très maigre et très grande, haute de près de deux mètres. Vêtue d'une robe de gros bleu sans ceinture, les pieds nus, la femme était cependant vieille, quoique encore très droite. Sa face longue et flétrie était surmontée d'une brosse de cheveux poivre et sel où se mêlaient des teintes fauves. Sa commissure droite se distordit.

--Honneur!...répéta Antoine Grandisson.

--Respect!

--Le général Lafumin , s'il vous plaît?

--C'est vous m'sieur Grandisson?...M'sieur Antoine Grandisson?...

Il acquiesça.

--Le général Lafumin fait sa prière...Voulez-vous monter dans votre chambre?...

Il avança vers l'escalier; le méchant roquet recula, montrant toujours les dents...Antoine Grandisson se mit à monter à la suite de la femme, gravit une trentaine de marches, puis s'engagea dans un couloir. Il croisa sur sa route trois portes aux jalousies bien closes et enfin arriva en face d'une dernière porte-jalousie que la femme poussa.

--Vous attendrez que le général Lafumin vienne vous chercher...

La femme avait disparu. Antoine Grandisson se trouvait dans une sorte de salon lambrissé de moulures, lesquelles jadis avaient dû être dorées. Des chaises de rotin étaient rangées le long des murs. Çà et là, sur des consoles, il y avait des bibelots de porcelaine rococo: bergères et bergeronettes, Amours et pages, lévriers et chasseresses. Un immense miroir à encadrement doré, légèrement incliné en avant, faisait face au balcon dont les deux portes n'étaient fermées, chacune, que par un seul battant de porte-jalousies, l'autre manquant. Sur le sol il y avait des crachoirs en verre violet et des statuettes de plâtres, un agneau grandeur nature, un crapaud bleu, une tortue et divers autres animaux. Près de l'une des portes du balcon, un matelas était étendu, à même le sol, la couche était faite, avec des draps brodés, une épaisse couverture de coton, deux gros oreillers, le tout voilé d'une moustiquaire accrochée à un montant de cuivre. Au plafond pendait un immense lustre à pendeloques de cristal. Sur les murs, entourés de divers chromos, assez violents, on voyait le portrait d'un général en grand uniforme de l'ancienne armée nationale, celui d'un vieillard en redingote et un visage de femmes aux traits pâlis, coiffée du classique tillon* brodé d'autrefois. A l'angle droit de la pièce, près de la porte du balcon, se trouvait une table ronde à plateau de marbre, appuyés aux boiseries, une grande machette de combat ainsi qu'un immense sabre de cavalerie surmonté d'un képi galonné. Le tout était passablement poussiéreux.

La nuit tombait rapidement. Dans le miroir on pouvait distinguer tout ce qui se passait dans la rue. Des bambins, parmi lesquels des bébés à moitié nus, revêtus seulement de courtes chemisettes gambadaient dans la poussière ocre de la petite rue. Ils galopaient et tournaient autour de la voiture qui semblait les intriguer vivement. De l'autre côté de la rue, à l'ombre d'une galerie, trois vieillards étaient assis sur des dodines* installées près de la porte du balcon. De là, dans le miroir, il verrait la rue, pouvant ainsi surveiller sa voiture et guetter la porte du couloir où son hôte apparaîtrait probablement bientôt.

La chaleur était étouffante dans cette pièce où flottait une odeur de renfermé des plus désagréables et où s'engouffraient les papillons de nuit et force moustiques. Dire qu'il ne pouvait pas fermer les portes de ce balcon! Assis dans la dodine, sur la pointe de son siège, Antoine Grandisson s'éventait de son mieux avec un journal pour se protéger des moustiques qui attaquaient en piqué et vrombissaient férocement. De l'intérieur parvenait le bruit d'une discussion à voix basse interminable. Que pouvait faire le général Lafumin? Quel homme pouvait-il être? De telles façons étaient curieuses. Etait-ce donc ça la prétendue sacro-sainte hospitalité provinciale?...Le temps s'écoulait cependant et le général Lafumin ne donnait pas signe de vie. La rue se faisait déserte. Les garnements avaient dû rentrer. Ne circulaient plus que de rares passants qui tous ralentissaient à la vue de la voiture inconnue, puis appesantissaient leurs regards sur la maison du général Lafumin. Du couloir parvenait toujours la conversation chuchotée. Neuf heures se mirent à sonner à une horloge. Pourquoi donc le général Lufumin ne se présentait-il pas?... Il faisait maintenant complètement nuit. Toutes les maisons de la rue avaient fermé leurs portes, pas un chat au-dehors. Les moustiques étaient devenus tellement nombreux et furieux dans ce salon que l'agitation de plus en plus rapide de son journal ne protégeait que peu Antoine Grandisson. Quelle chaleur!...Comment faire pour allumer?

La porte du couloir se mit soudain à vibrer. Qu'est-ce que ça pouvait être? La porte s'entrebâilla lentement, aigrement, et se referma. Ce n'était qu'un chat! Un vieux chat à la mine furibarde, aux moustaches mauvaises, la queue toute droite, raide et dressée, ses yeux jaune soufre, feux ardents dans l'obscurité complète, éclairaient vaguement son pelage marqueté de noir, de blanc et de gris. Il vint flairer l'inconnu puis se diregea tout droit vers la couche blanche. Dressé sur ses pattes arrière, le chat tentait avec celles de devant d'écarter les rideaux de la moustiquaire. Ça non! Antoine Grandisson se dressa et s'approcha, tentant d'écarter le félin avec le pied. Celui-ci fit front et lança un coup de patte. Drôle d'animal! Antoine lui porta un coup. Il bondit alors et, d'un saut, se réfugia au sommet du miroir, se mettant à cracher furieusement et à miauler d'une voix presque éteinte, sans quitter des yeux l'inconnu. Si ce chat, apparemment sauvage l'attaquait brusquement dans cette obscurité? On devait tout de même pouvoir allumer? Il craqua alors une allumette. Justement, il y avait une lampe à pétrole sous la table, une statuette, un enfant y soutenant le globe dans ses bras. Pourvu qu'il y ait du pétrole! Il atteignit la lampe, la posa sur la table après l'avoir agitée. Oui, il devait y avoir du pétrole dans le réservoir. Mais comment enlever ce globe et dégager le verre de la lampe. En palpant le globe, celui-ci tomba en mourceaux. Il en faisait de belles pour commencer! Il dégagea le verre, craqua une allumette, alluma la mèche et replaça le verre. La lumière inonda la pièce. Ce n'était pas trop tôt. Le chat bondit en direction du balcon et disparut. Neuf heures et demie sonnaient.

Que pouvait faire son hôte? Pourquoi ne se présentait-il pas?... Dehors la lune s'était levée, coulant de pâles rayons dans la rue. Dans le miroir il pouvait parfaitement voir la voiture; pas un seul passant dans la rue, un silence absolu. Non, dans le lointain on entendait un grésillement de tambour, percussion lancinante, laconique, sèche et monocorde. Quelle sorte de danse exécutait-on dans les faubourgs? Jamais il n'avait entendu un rythme pareil... Pourquoi donc avait-il accepté cette mission dans cette bourgade inconnue, tâche qui ne semblait enthousiasmer personne? Tout ça à cause de ses sacrées fiançailles! Il jouait gros...Enfin!...N'était-ce la protection de Mme Labourdette, cette Clarisse n'avait rien de reluisant et le régime politique avait ses jours comptés, de toute évidence...Tout de même, avec un peu de patience et de savoir-faire, il éviterait ce mariage compremettant, et s'il ne faisait pas trop de bruit, il ne serait pas révoqué après la chute de Magloire...Que faisait enfin ce général Lafumin? Jamais on n'avait ainsi accueilli un hôte. S'il allait voir dans le couloir?...

Dix heures du soir se mirent à sonner...Antoine Grandisson était de plus en plus nerveux. Soudain il aperçut, grâce au miroir, un troupeau de chèvres et de bouc qui s'avançait dans la rue. Curieux bourg!...La percussion du tambour se faisait de plus en plus proche, de plus en plus pressée, monotone, épileptique, angoissante... Le troupeau avait disparu mais un grand bouc était resté, juste en face de la maison, occupé à une curieuse gymnastique. Les pattes quasi jointes, l'animal tournait sur lui-même, tel un toton, infatigablement, semblant chercher à attraper sa queue. La longue barbiche de la bête dessinait des cercles dans la poussière de la rue qu'éclairait crûment la pleine lune. Le tambour se rapprochait toujours...Soudain il entendit un grand bruit qui fit vibrer toute la maison. Quelque chose était tombé sur le toit, certainement, quelque chose d'assez lourd et d'assez volumineux. Ça devenait inquiétant à la fin!... Le bouc était toujours dans la rue poursuivant son manège insolite. Du couloir, arrivait toujours le bruit de la conversation chuchotée. Peut-être ferait-il mieux de se coucher? Antoine

Grandisson se leva. Alors il vit dans le miroir une sorte de grande boule de feu qui roulait dans le caniveau. Il se rassit vivement.

On grattait à la porte.

--Le général vous fait dire de venir manger...

Antoine Grandisson se leva, en regardant le miroir du coin de l'oeil...La boule de feu avait disparu, il n'y avait plus rien dans la rue, le tambour s'était tu. Il arrangea sa cravate, se lissa les cheveux avec les mains et se recomposa le visage. Il poussa la porte et s'engagea dans le couloir obscur.

Au tournant de l'escalier, Antoine Grandisson aperçut celui qui devait être le général Lafumin. C'était un vieillard maigre, décharné, d'un noir profond, aux paupières presque sans cils, légèrement révulsées, ce qui entourait les yeux d'un liséré du muqueuse rouge vif. Son nez, fin, un peu aquilin, comme un bec plongeait dans une énorme moustache toute blanche, épaisse volute dont les points étaient brandies en direction des tempes. La lèvre inférieure était également rouge vif, un peu pendante, comme entraînée par une courte barbe poivre et sel, se terminant en pointe et dessinant une sorte de chiffre 8 très allongé sur le menton. Les joues, elles, étaient complètement glabres, ridées et chagrinées. Quelque chose d'incohérent, de baroque, de gothique se dégageait de l'abrupt général Lafumin. Coiffé d'un vieux feutre taupé noir, posé en tapageur sur son chef et enfoncé jusqu'à mi-front, les fanons mous du cou du vieil olibrius étaient tendus par le col d'une veste de coupe militaire. Ladite veste, plutôt un dolman de drill blanc, était entièrement close, boutonnée au ras de la pomme d'Adam, aiguë et tranchante. Les mains, très longues, presque réduites au squelette, étaient marquées de larges et irrégulières taches de dépigmentation et donnaient l'impression de bêtises à l'afflût, immobiles sur la table. Une jambe revêtue d'un pantalon de drap rayé noir et gris se recroquevillait sous la table. Le pied était chaussé d'une sorte de brodequin mi-cuir, mi-velours noir, enserrant le cou-de-pied grâce à des languettes élastiques. A la droite du général, le chien infirme était également attablé, dressé sur sa béquille et sa patte de derrière, debout sur une chaise, les antipieds posés sur la nappe, de part et d'autre de son assiette. A l'autre bout de la table, le chat était aussi accroupi devant son assiette. Sur le seuil de la porte, une sorte de paysan d'un âge indéfinissable, au visage patibulaire, immobile, les paupières baissées, étaient assis à même le sol. Enfin, derrière le général, debout, la grande femme maigre agitait un bout de carton pour chasser les moustiques et les moucherons de nuit.

--C'est toi le petit Grandisson?...

Antoine s'arrêta!...

--Allons!...Approche!...

Le vieillard claqua alors ses paumes l'une contre l'autre. La femme bondit, se précipta vers un buffet, un antique "side-board" à tablette, s'empara d'une paire de pince-nez qu'elle tendit au général Lafumin. Celui-ci chaussa les bésicles, promena son renifloir sur son hôte, de haut en bas...

--Hum hum!..., fit-il.

Il rendit l'engin à la femme qui alla le remettre à sa place.

__Tu as quelque chose de ton grand-père, feu le général Mentor Grandisson.

Il désigna à son convive le couvert à sa gauche et le servit immédiatement, lui-même. Malgré les timides gestes de dénégation du jeune homme, il lui serva trois énormes louches de bouillon, un bouillon de palan*, épais, riche et frais...Il servit le chien, se fit passer l'assiette du chat et enfin se servit lui-même. La femme se remit en faction derrière lui, agitant son bout de carton. Ils se mirent à manger, chien et chat lapant, le général écrasant avec de sonores bruits de mâchoires les ignames, les bananes et les taillos* qui agrémentaient le bouillon. Toujours inquiet, Antoine Grandisson se forçait. Etrange bourgade, étranges moeurs!... Brusquement le général Lafumin leva la tête:

__Guettez donc, petit garçon?...Que viens-tu chercher au bourg de Petite-Rivière?...

Sa mère n'avait-elle pas expliqué son hospitalité?...D'une voix embarrassée, Antoine Grandisson lui expliqua qu'il venait pour contrôler les livres de l'agent des contributions et qu'il ne comptait pas rester plus de trois jours, quatre au plus, qu'enfin il devait de toute façon être de retour le mardi suivant à la capitale.

--Ce n'est pas Désiré Chapoteau que tu oses venir contrôler, par hasard?...Lui-même?...Tu sais à qui tu as affaire?...

Antoine Grandisson dut expliquer que l'Office central des contributions ayant dûment constaté des anomalies statistiques dans le secteur, on l'avait envoyé pour déceler l'origine des fraudes probables.

--Et c'est Désiré Chapoteau qui est en cause?...

Le général échangea alors un regard avec le paysan assis en travers de la porte et poursuivit:

--Et tu n'as pas peur?... Enfin!...Tu dois savoir ce que tu fais. Tu n'es pas le petit-fils du général Mentor Grandisson pour rien!... Tu dois être un homme bien baigné*...Mon compère Duton Grandisson a dû faire de toi un nègre toma*...Tu es cambré* pour le moins?...Antoine était perplexe. Le vieillard parlait certainement de magie et il était complètement ignorant en cette matière. Quant à être cambré, c'est-a-dire à l'abri des coups de feu, ça ne pouvait être que de la blague!...Que voulait dire le général Lafumin? Qu'est-ce qui le menaçait donc? Quel homme était-ce donc que ce Désiré Chapoteau?... Le général clignait encore de l'oeil en direction du paysan puis éclatait d'un petit rire spasmodique et cynique. Il s'exclama:

--Alors, tu crois qu'on peut ainsi venir au bourg de Petite-Rivère de l'Artibonite pour s'attaquer à un Chapoteau?...Laisse-moi rire!...Tu verras ce que c'est que la Petite-Rivière. Un pays pas ordinaire, crois-moi!...Enfin!...Tu as de la chance d'être le protégé du général Lafumin. Ici au moins rien ne pourra t'arriver, mais au-dehors, je ne sais pas!...Mais comment va ma commère?...

Après un plat de poisson frit, du riz aux haricots rouges, le repas s'acheva avec des confitures, entrecoupé tout au long par les petits rires spasmodiques du général Lafumin. Il décacheta alors une vieille bouteille de vin du Rhin, en versa dans un verre à glace qu'il tendit à son hôte. Quand ils eurent bu, le vieillard claqua encore des mains, la femme bondit, reprit le pince-nez que chaussa le général.

--Viens ici, petit garçon..., cria-t-il.

Il fouillait de ses mains froides le cou de son convive!

--Quoi! Pas une petite relique? Pas un petit saint Benoît? Pas un scapulaire?...

Antoine Grandisson était livide. Le vieillard détacha alors de son propre cou une petite chaîne d'argent et, tirant d'un geste saccadé la tête du jeune homme à lui il mit la chaîne autour du cou.

--Ma commère ne pourra pas dire que je ne t'aurai pas protégé!...Tu peux aller te coucher, petit garçon!...

Antoine Grandisson prit congé, laissant toujours son amphitryon attablé avec son chien, son chat, sous les regards de la grande femme maigre et du paysan. Le jeune homme remonta l'escalier obscur, traversa le couloir et atteignit le vieux salon à tâtons. Dans la rue, l'hallucinant bélier poursuivait toujours sa giration frénétique. Ce qui était apparu à Antoine Grandisson comme une boule de feu roulant dans le caniveau avait néanmoins disparu, toutefois le tambour funèbre continuait à battre. Il enleva ses chaussures, détacha sa montre-bracelet et s'enleva sa veste. Il pénétra tout habillé dans le lit et referma la moustiquaire. Il faisait une chaleur torride dans cette couche, mais mieux valait encore éviter les piqûres de moustiques. Il avait laissé la lampe allumée, après avoir baissé la mèche cependant. S'il pouvait arriver à dormir!...De sa couche, grâce au miroir, il voyait nettement la rue tout illuminée par le clair de lune. Le bouc était toujours là, infatigable, à quelques pas de la voiture...Etrange bourgade! Il tenta de fermer les yeux.

Après un long moment d'immobilité, l'inspecteur Grandisson ouvrit les paupières. Le tambour était fou au-dehors. On aurait cru que la bande de danceurs macabres était en train de s'exercer dans la rue même! Mais il ne voyait personne...Etait-ce un reflet de lune qui jouait dans les branches?...Non! C'était la même boule de feu de tout à l'heure qui cette fois se balançait au milieu du pâté de maisons d'en face. La boule incandescente s'élança soudain dans les airs, semant une pluie d'étincelles, puis disparut en un éclair. Le bouc était toujours là, extravagant, paradoxal, perpétuel!...Quelle heure pouvait-il être?...Antoine Grandisson ferma les yeux un instant, bourrelé de froid, d'angoisse et de terreur. Il les rouvrit vivement. N'avait-il pas entendu un léger frôlement? Se trompait-il?...Il semblait que quelque chose se glissait sur le parquet...Ce n'était pas possible!...Il voyait une forme grise comme une corde de sable, une sorte de serpent, dont la nuque serait nouée d'un flot de rubans, rampant vivement sur le parquet de bois clair! La forme allait droit au but, se mouvant d'un jet. Le cou dessinait une anse*, puis la queue se remenait, provoquant à la fois la progression et la translation latérale de l'animal. La langue bifide s'agitait, donnant à la tête un simulacre d'hésitation tremblée. Peut-être étail-il la proie d'une hallucination? Non! Un étrange sifflement, léger, susurrant, flûtait de la gueule de la bête. Elle arrivait au pied de la couche. Elle cherchait le montant de cuivre de la moustiquaire! La tête s'éleva, oscilla à droite, à gauche...C'était bien un serpent! Dans les rais du clair de lune, il apparaissait nettement, un flot de rubans verts noués autour du cou!...Antoine Grandisson poussa un hurlement de terre. Dressé sur le matelas, il cherchait à ouvrir la moustiquaire, mais dans son énervement n'y arrivait pas!...

Quand il eut allumé, tout avait disparu!...Plus rien, pas de couleuvre ni de serpent dans la chambre, rien qui eût pu y ressembler. Dans la rue, le bouc et le globe de feu s'étaient volatilisés, le tambour lui-même s'était tu! La porte du salon s'ouvrit violemment laissant passer un homme revêtu d'une immense chemise de nuit, une lampe à pétrole à la main. C'était le général Lafumin. Embarrassé, Antoine Grandisson sortit de la couche pour s'expliquer, mais à peine eut-il commencé que le général l'interrompait:

--Une couleuvre?...Tu mens!...De telles choses ne sont pas possibles chez moi!...

Le maitre de maison était dans une fureur incompréhensible qui laissa pantois son hôte. Le général Lafumin partit en claquant la porte avec fracas.

Après un long moment de perplexité, Antoine Grandisson se recoucha. Il n'avait pas rêvé, que diable!...Et puis, il n'était pas plus peureux qu'un autre, depuis des années il circulait à toutes les heures de la nuit, par tous les temps, dans la région port-au-princienne et jamais il n'avait rien vu. Au surplus, il n'était pas un imaginatif, ne croyant que fort peu aux histoires extraordinaires que les gens colportaient. Il ne s'était certainement pas trompé. C'était sans aucun doute une couleuvre qui se glissait au bout du matelas... D'ailleurs le bouc avait repris sa place dans la rue et tourbillonnait toujours d'un mouvement abracadabrant. Sur le sablier, la boule de feu se balançait dans les feuillages...

Il demeura éveilla tout le reste de la nuit, assis sur sa couche, le corps parcouru de trémulations nerveuses, mais l'esprit calme, contemplant d'un oeil écarquillé l'animal fantastique et le globe incandescent qui bondissait sans relâche dans l'espace pour revenir se poser sur l'arbre. Le tambour délirait littéralement au-dehors.

Au matin, fatigué, la mine tirée, mais contracté, toutes les énergies bandées, Antoine Grandisson était descendu. Dans la salle à manger il avait trouvé le général Lafumin. Le vieillard n'avait semblé garder aucun souvenir de la nuit. Il n'avait fait aucune allusion. Avec une affabilité abrupte, il l'avait accueilli avec le même cérémonial, son chien et son chat attablés à ses côtes, la grande vieille en faction derrière lui et le paysan assis en travers du seuil. Le petit déjeuner avait été plus que copieux, ils avaient mangé un important repas à la fourchette. Le général Lafumin avait précisé qu'il passait toutes ses journées dans les rizières et qu'il ne rentrait que le soir. Cependant la femme serait là et pourvoirait à tous les désirs de son hôte. Le général était parti à cheval et la bogota de l'inspectuer Grandisson s'était mise en marche sans grande peine.

Il avait facilement pu trover le Bureau des contributions. Là il avait d'abord vu un gratte-papier, puis l'agent fiscal Désiré Chapoteau s'était presenté. C'était un homme jeune--dans les trente-cinq ans environ--qui l'avait accueilli avec un sourire un peu contraint, présentant lui-même ses livres. Apparemment, c'était néanmoins un individu assez falot, sans grande personnalité, le physique lui-même était quelconque et ne retenait pas l'attention. Pendant toute la matinée l'inspecteur Grandisson avait travaillé d'arrache-pied, tentant de déceler des irrégularitiés dans les livres de comptes. Les faits étaient patents, il y avait fraude certaine, mais où?...Depuis six mois en effet les courbes de recette des marchés s'infléchissaient curieusement dans le secteur, or toutes les autres courbes fiscales comparées, pendant vingt ans et plus, avaient, bon an mal an, un parallélisme invariable. La hauteur du tracé pouvait changer, mais ici comme partout ailleurs la fixité de l'allure était une loi statistique qui n'avait jamais été démentie à l'Office central des contributions. Chaque fois qu'on avait constaté une irrégularité notable des épures, la fraude avait été tôt ou tard découverte. Comment l'agent fiscal Désiré Chapoteau se débrouillait-il pour ses escroqueries? Toute la matinée l'inspecteur avait épluché les chiffres. Les livres vérifés semblaient jusque-là inattaquables. Sur le coup de midi, toujours pincé, mais courtois et ironique, Désiré Chapoteau avait invité l'enquêteur à déjeuner. Celui-ci avait refusé, se rappelant les mises en garde du général Lafumin. Il était parti avec tous les livres de comptes du Bureau, prenant mêmes la précaution de poser un cachet sur la boîte à carnets à souche. S'il ne découvrait pas le pot aux roses, il serait certainement taxé d'incapacité. Coûte que coûte il fallait y arriver.

Il s'était promené en voiture dans le bourg, ruminant les étranges choses qu'il avait vues la veille. Il avait pris soin de ne rien acheter aux vendeurs qui lui avaient proposé leurs marchandises, pas la moindre sucrerie, aucun fruit, ni quoi que ce fût. Vers une heure de l'après-midi il s'était résolu à entrer dans un petit café. Là, il y avait commandé du kola qui avait été fait débouché devant lui; avec du lait condensé, il s'en était fait une boisson tonique et réconfortante. A deux heures, il était retourné au Bureau des contributions. Tout l'après-midi il avait travaillé, vérifiant minutieusement les livres. Il n'avait rien découvert, pas le moindre faux en écritures, aucune surcharge, pas l'ombre d'une irrégularité, concordance complète entre les carnets à souche des marchés et les livres de comptabilité. Il avait même exigé de l'agent un rapport écrit sur sa gestion récente. Celui-ci s'était exécuté, un peu excédé, prêt à répliquer, la mine contrainte, avec des regards furieux, mais avait obtempéré à l'injonction de l'inspecteur. Combien de temps cela lui prendrait-il pour découvrir le procédé frauduleux? Ses angoisses de la nuit passée s'étaient évanouis, Antoine Grandisson ne pensait plus qu'à sa tâche. A six heures du soir, il dut s'arrêter. Il réclama la caisse. L'agent lui présenta le numéraire qu'il compta billet par billet, enfouissant au fur et à mesure les liasses vérifiées dans sa serviette qu'il tenait sur ses genoux: Le compte y était: dix-sept mille huit cent cinquante-trois dollars, quarante-neuf cents. Il referma sa serviette à clé, donna reçu, et prit congé. Il reviendrait le lendemain pour poursuivre ses investigations.

Il rentra aussitot chez le général Lafumin. Celui-ci était déjà de retour des rizières. Antoine Grandisson s'excusa un instant et monta au salon qui lui servait de chambre. Le lit était fait. Il voulait enfermer la grosse somme dans la petite cassette blindée qu'il avait amenée à cette fin. L'inspecteur s'assit sur la dodine, tira ses clés et ouvrit la serviette. Il devint livide. Il n'y avait plus d'argent dans la serviette, pas le moindre billet!...Antoine Grandisson resta là, effondré, sans réaction, incapable du mondre mouvement, saisi cependant par un tremblement incoercible...ça signifiait la prison, le désohnneur, la fin de tous ses rêves!...Après quelques minutes, il se leva comme un somnambule, prit la serviette, les livres et descendit l'escalier quatre à quatre. Le général Lafumin était encore là. Il leva les yeux sur son hôte et voyant son trouble et sa mine révulsée, il l'interrogea.

--Eh bien?...Qu'est-ce qu'il y a, petit garçon?...

D'une voix étranglée Amtoine Grandisson mit le général au courant de sa mésaventure.

--Tomate!...s'écria le général. Je t'avais prévenue!...On ne vient pas comme ça à la Petite-Rivière!... Et pour contrôler les livres et les comptes d'un Désiré Chapoteau encore!...Mais c'est un loup-garou!...Je sais ce qu'il t'a fait!...Idiot!...

A grand renfort de gestes, le général Lafumin expliqua à son protégé que Désiré Chapoteau appartenait à une vieille famille de sorciers et de "démons" patentes. A son avis, il s'agissait d'une opération cataloguée, une sorcellerie inexplicable mais réelle. Désiré Chapoteau selon le général n'en était pas à son premier coup de ce genre, il avait tout simplement "halé"* l'argent de la serviette fermée grâce à ses diableries, bien que la serrure en eût été soigneusement verrouillée...

Ecroulé sur sa chaise, l'inspecteur Antoine Grandisson était complètement vidé, la tête battante, en proie à une stupéfaction et à une angoisse sans fond. C'était sans remède!... Le général arpentait la salle à manger d'un petit pas sautillant, jurant et sacrant, traitant de tous les noms le fils de son compère, frénétique. Après quelques minutes d'agitation, il s'arrêta brusquement, interpellant son hôte d'une voix excitée:

--Alors?...C'est tout ce dont tu es capable?...Es-tu un homme véritable? Es-tu fils de Duton Grandisson pour tout de bon?...

L'intéressé leva des yeux inexpressifs sur l'étonnant vieillard.

--Je te parle, espèce d'avorton!...Est-ce que tu es un homme?...Si tu l'est, moi, général Pétion Chrysostome Lafumin, je peux obliger ce suppôt de Satan à te rendre l'argent ce soir même!...

Antoine Grandisson était complètement abandonné. Il voulait tout ce que le général pouvait tenter.

--Va chercher ton revolver!...Ton revolver, te dis-je!...commanda l'extravagant personnage.

Il n'avait pas emporté son revolver!

--Comment?...Toi, un inspecteur des contributions, tu voyages sans revolver?...

Il n'y avait rien à faire, il n'en avait réellement pas. C'était peut-être désolant, mais il en était ainsi.

--Si nous n'agissons pas avant minuit, je ne réponds plus de rien!...Tu pourras faire ton deuil des dix-huit mille dollars!...Moi, je n'ai rien à craindre dans ce que nous allons tenter, mais toi, il faut que tu sois armé! Sinon je ne donne pas cher de ta vie!...

Le général arpentait toujours la pièce de son pas sautillant, sauvage, pyramidal, avec une étrange lueur dans les yeux, scandant tous les jurons de la Caraïbe entière. Il s'arrêta de nouveau:

--Je n'ai pas de revolver, pas même un fusil de chasse, les autorités m'ont tout enlevé, et je ne trouverai personne dans cette bourgade pour m'en prêter...Est-ce que tu n'as pas ton arme chez toi, à Port-au-Prince?...

En effet, il avait son arme. Dès son entrée en fonction on lui avait remis un *colt* 38, long rifle, et dans sa bêtise, il ne l'avait pas emporté. Mais à quoi cela pouvait-il servir qu'il l'eût?

--As-tu de l'argent?...Trente dollars? Vingt dollars?...interrogea encore le général Lafumin.

Il les avait. Le général d'une petite voix de tête lui expliqua qu'il avait le moyen de faire chercher l'arme à Port-au-Prince et de l'avoir dans environ deux heures. Quelle extravagance disait encore cette sorte de vieux fou? C'était impossible! Le voyage, aller retour, impliquait une distance de trois cent cinquante kilomètres. Dans l'état des routes, avec la meilleure voiture du monde, cela prendrait le double. Le général était cependant formel, péremptoire, il affirmait qu'il connaissait quelqu'un capable d'accomplir à pied une telle performance, en deux heures. Un peu revenu de sa stupéfaction, Antoine Grandisson osa faire remarquer au général que ce n'était peut-être pas très utile. Celui-ci devint furieux.

--Tu n'es qu'un enfant idiot!...Tu avais de l'argent dans ta serviette, dis-tu où est-il?...Tu ne sais pas ce que c'est que le pays d'Haïti-Toma!...Tu n'as jamais entendu parler des gallipotes*...Tu crois que je suis fou, alors?...Allons! Mets-toi à table tout de suite, et écris à ta mère, lui demandant de remettre l'arme au porteur de la lettre! Allons! Fais ce que je te dis!

Le général avait appelé le paysan qui étrillait le cheval dans la cour. Il lui chuchota quelques mots à l'oreille et l'homme partit en courant. Antoine Grandisson n'était plus qu'une chiffe molle sans conviction. Il s'exécutait, écrivant la lettre à sa mère pour lui réclamer l'arme! La nuit tombait rapidement, il devait être déjà la demie de sept heures, papillons et moustiques envahissaient la pièce. L'attente sembla longue mais une demi-heure après le paysan revenait, précédant celui qui'il avait été chercher. C'était un nègre, rougeaud aux cheveux presque ocre, un petit homme maigre, malingre, chétif même, bossu, littéralement tordu par un mal de Pott* évident. Il avait des yeux fuyants, vous observant à la dérobée, son visage était sillonné par une longue balafre, sorte de gnome grotesque dans sa vareuse de gros bleu sale et son pantalon délavé. Le dos voûté, il se dandinait d'une jambe sur l'autre dévisageant tour à tour les protagonistes.

--Anthisthène, j'ai besion de toi! s'exclama le général. Il faut que tu ailles de ce pas à Port-au-Prince, à l'instant même!...Voici une lettre que tu remettras à Mme Grandisson en personne!...Avenue La Fleur-du-Chêne, tu m'entends?...Elle te remettra aussitôt la commission, un revolver...J'entends que tu repartes aussitôt...Il est huit heures dix, il faut qu'à dix heures tu sois de retour...Tu m'entends?...Dix heures!...

De sa voix lapidaire, le général Lafumin, imperturbable, remettait la lettre au soi-disant gallipote, il lui donna aussi du tabac, une bouteille d'alcool, lui promettant seulement les vingt dollars...

Le général Lafumin avait renvoyé dans les communs son domestique compagnard et la vieille. Toujours assis près de la table, Antoine Grandisson contemplait d'un oeil éteint son hôte qui, le pince-nez en bataille, était occupé à une singulière besogne. Dans un petit mortier encastré entre ses genoux, au bord de la chaise, il écrasait toute une corbeille de piments, du poivre, des échalotes, de l'ail, toute une série de feuilles et divers autres ingrédients. De temps à autre, il vidait le contenu de plusieurs cartouches de fusil de chasse dans la mixture. Quand il eut terminé, il transvasa son brouillamini dans une petite terrine en terre rouge. Au centre de la masse, il creusa un trou dans lequel il versa une graisse blanc jaunâtre qu'il tira d'une bouteille, puis il y enfonça une mèche de coton brut. Le général avait posé son plait sur le parquet, puis se plaçant au nord, face tournée vers la terrine, il esquissa une sorte de fléchissement des membres et se figea dans cette attitude, les genoux à moitié pliés, à demi prosterné. Il se signa et commença à marmonner des mots abracadabrants, sorte d'oraison sauvage, ponctuée de petits cris barbares et d'un juron scandé, toujours le même:

--A la doki! Ago,* foutre!...

Médusé, Antoine Grandisson regardait le général exécuter des petits bonds autour de la terrine, multipliant les signes de croix, les baisements de pouce et les invocations extravantes. Quand il en eut fait le tour, il s'agenouilla pour de bon, s'inclina, les bras écartés, avec le geste d'enserrer le plat de terre, puis il se mit à siffler doucement entre ses lèvres Antoine Grandisson eut un haut-le-corps. Le serpent qu'il avait cru voir la nuit dernière descendait l'escalier!...C'était un animal de près d'un mètre de long, autour de son cou était noué en effet un flot de rubans verts; gris fer avec pointillé noir sur le crâne et le dos, le rampant se glissait sur son ventre blanchâtre, franchissant les marches avec une translation latérale, agitant sa langue bifide, ses petits yeux rouges scintillant comme des escarboucles. Le général Lafumin avait détaché les derniers boutons de sa tunique, et le reptile se glissait sous le vêtement!...

La terreur écarquillait les yeux de l'inspecteur Grandisson. Dans quel lieu funeste, démoniaque, étail-il tombé!...Sous ses dehors saugrenus, extravagants et équivoques le général Lafumin était bel et bien une sorte de nécromancien loufoque mais peut-être malfaisant. Pourvu qu'il ne s'avisât pas d'exercer contre son invité sa sorcellerie et ses pouvoirs incantatoires!...Tout était hallucinant et mystérieux dans cette bourgade décadente où se voyaient les restes poussiérieux et délabrés d'une vieille gloire et d'une ancienne splendeur devait jouer le jeu jusqu'au bout, tenter sa chance de récupérer la recette des contributions avant que de penser à foutre le camp. Qui savait? Peut-être que ce général Lafumin était après tout capable d'accomplir un contre-sortilège et de lui rendre les dix-huit mille dollars, plus rien ne l'etonnait désormais. Le vieillard était là, toujours agenouillé et marmonnant. Dire qu'il avait une bête immonde contre la peau du corps!...

Dix heures sonnaient maintenant. Le général s'était relevé, appesantissant son regard sur son hôte. Celui-ci feignait d'avoir l'air abattu, indifférent, dégagé même, mais la peur lui cisaillait les côtes...Un pas léger se fit entendre dans le corridor. Le général dressa la tête. C'était le bossu qui revenait!...En nage, soufflant comme un phoque, épuisé, il se laissa tomber sur le seuil. Il portait un paquet sous le bras. Le général le lui arracha et le déplia vivement. C'était le colt

38, long rifle, de l'inspecteur Grandisson! Plus, un mot y était joint de la main de sa mère, qui recommandait la prudence à son fils.

--Où est l'argent?...Donne-le-moi! ordonna le général Lafumin.

Antoine Grandisson se leva avec peine, mais sous la cinglure de cette voix, fouilla précipitamment dans ses poches et tira l'argent de son portefeuille. Il prit le revolver. Le barillet était chargé, la petite boîte de balles était là et sur le canon de l'arme le numéro de série était gravé. C'était bien son revolver!...En moins de deux heures, ce..., ce gallipote avait atteint la capitale et était de retour!. Il en était abasourdi. Tout cela n'était-il pas un mauvais rêve? Dans quelle atmosphère irréelle, surnaturelle, baignait-il donc depuis son arrivée dans ce bourg! Il observait l'infirme qui buvait maintenant le verre d'alcool que lui avait tendu le général Lafumin. Ayant quelque peu récupé, ce korrigan à grosse tête frétillait, avec un petit rire ambigu, tournant l'argent qu'il avait gagné dans ses petits mains crochues. Un corselet de fer enserrait la poitrine de l'inspecteur Grandisson, pourvu qu'il tienne le coup!...Sur un signe du général, l'homme avait disparu, abandonnant dans les lieux l'odeur âcre de son gros tabac qui persista un moment dans l'air pesant qui flottait dans la pièce.

Le général Lafumin s'approcha de son invité. Celui-ci eut un serrement de coeur.

--Tenez-vous campé, garçon!...Est-ce que tu es paré*, petit nègre?...Prends garde surtout à ne pas me faire honte!...Ça, je ne te le passerais pas!...

Il lui tendrait deux objects qu'il avait tirés de sa poche. L'un était une patte de chat ou de lapin, l'autre une sorte de feuille verte où l'on distinguait un gribouillis informe, rouge sanglant.

--Je te préviens!...Ce que les yeux voient, la bouche le tait! Mets ça dans ta poche et, surtout, ne te sers de ton revolver que si je te le dis. En avant, garçon! Serrez vos dents pour entrer parmi les méchants...

Le général Pétion Lafumin eut un dernier petit rire saccadé et glaçant.

--En avant, petit Grandisson, foutre!...

Le général brandissait un énorme bâton, un cocomacaque* à noeuds, avec lequel il faisait des moulinets. Sa terrine à la main, il précédait Antoine Grandisson dans le corridor...

Ils étaient arrivés devant une maisonnette à haute galerie. Le général Lafumin s'arrêta. Au loin, le tambour funèbre hoquetait spasmodiquement. Ils avaient traversé le bourg à pied, et, malgré les bruits insolites et inquiétants qu'ils avaient entendus, en dépit des ombres fuyantes et imprécises aperçues, le corps frissonnant, Antoine Grandisson avait néanmoins marché à la suite de son guide. Celui-ci avait grimpé sur la galerie et frénetiquement tambourinait à la porte avec son cocomacaque. Il criait:

--Désiré Chapoteau, foutre!...Ouvrez la porte!...

On entendit un remue-ménage à l'intérieur mais la porte resta close. Le général s'exaltait:

--Désiré Chapoteau, foutre!... C'est le général Pétion Chrysostome Lafumin qui veut te parler!...

Les minutes s'écoulaient cependant, mais ils n'obtenaient pas de réponse. La rue était déserte, pas un chat. On entendait seulement la pulsation macabre du tambour mystérieux dans le lointain. Le général Lafumin se tourna vers son protégé:

--Tire dans la serrure! commanda-t-il.

Celui-ci hésitait, le général réitéra son ordre d'une voix brusque. Tremblant, Antoine Grandisson dégaina son arme.

--Tire, foutre! Je te dis!...

Il s'y résolut enfin. Il appliqua son arme contre la serrure, tenant néanmoins le canon vers le sol et tira. Le bois vola d'éclats. D'un coup d'épaule le vieillard déchaîné ébranla ce qui retenait encore la porte, elle céda. Le général se précipita aussitôt, suivi de son acolyte.

Désiré Chapoteau était là, le revolver à la main. Ils se trouvaient dans une sorte de débit d'alcool. Trois ou quatre énormes fûts étaient plaqués au mur. Çà et là il y avait des tonneaux, des gallons à alcool de toutes dimensions. La pièce était coupée en deux par une balustrade claire-voie. Sur un petit comptoir s'étalaient des bouteilles d'alcool trempé, au mur brûlait une grande lampe à acétylène. Le général brandit son bâton en direction de l'homme de l'autre côté de la balustrade:

--Désiré Chapoteau, moi, général Pétion Chrysostome Lafumin, nègre arompla-vaudou*, enfant des feuillages, je viens reprendre l'argent que tu as halé à ce petit garçon, mon protégé!...Exécute-toi vite avant que je ne te fasse voler dans les airs, en loup-garou que tu es!...

L'homme était livide mais menaçant.

--Sortez de chez moi, malveillants! cria-t-il...Alors, tu crois que je puisse avoir peur de toi, général Lafumin?...Sortez, ou je tire!...

--Tu oublies à qui tu parles, Désiré Chapoteau?...Pas de comédie!...Donne-moi l'argent, et vite encore!...

Le général Lafumin siffla doucement entre ses dents. La couleuvre pointa la tête hors du col du dolman, se glissant en direction de l'épaule du vieillard. Désiré Chapoteau perdait contenance. La bête s'était rapidement faufilée jusqu'à terre et rampait vers une porte ouverte en direction de la pièce contiguë.

--Général Lafumin, quelle est cette histoire? J'ignore ce dont vous parlez!...Sortez de chez moi! Sortez ou je tire!...

Le général Lafumin s'était mis à rire, brandissant la terrine mais protégeant néanmoins de son corps Antoine Grandisson qui malgré ses efforts ne faisait pas belle contenance, le revolver au poing.

--Tirer sur le général Lafumin?...Le général Jean-Jumeau lui-même n'a pu arriver à ses fins avec moi!...Vous oubliez qui je suis p'tit Chapoteau?...Si vous ne vous exécutez pas illico, je vous fais voler dans les airs comme loup-garou que vous êtes!...Je vous ferai voler en pleine rue jusqu'au grand jour! Faites vite de vous exécuter!...

Tout en éructant des mots confus, Désiré Chapoteau perdait de plus en plus la tête, proférant des menaces. Avec un petit rire, le général tira des allumettes et alluma la mèche de la terrine qu'il posa par terre.

--Général Lafumin, ne faites pas ça! supplia Désiré Chapoteau.

Une agitation frénétique s'était emparée de lui, son corps était parcouru de saccades, ses coudes se soulevaient et s'abaissaient rythmiquement comme s'il eût été en proie à une crise convulsive. Il brandissait néanmoins son arme qui flageolait au bout de son bras.

--Général Lafumin!...Ne faites pas ça!...Je...Je vais vous donner l'argent!...

La flamme brûlait dans la terrine, verte, avec un crépitement incessant. La pièce s'emplissait d'une fumée âcre, suffocante.

--Alors?...Exécute-toi vite!...

Le général Lafumin s'était emparé de la terrine. Il enjamba la balustrade et s'avança suivi d'Antoine Grandisson qui semblait reprendre confiance. En proie à une agitation de plus en plus grande le corps secoué par de grands soubresaut, les yeux de Désiré Chapoteau s'exorbitaient. Il marmonnait un galimatias cabalistique, involontaire semblait-il, se reprenant en effet, se raidissant pour crier grâce. Lui reculant et ses deux adversaires s'avançant, ils pénétrèrent dans une salle à manger sommairement meublée: une table, quatre chaises, un buffet, une étagère à croches rouges contre le mur, et un coin de la pièce une grande amphore, un canari* en terme jaune. Désiré Chapoteau eut une nouvelle velléité de tirer. Le général Lafumin lui fit front:

--Moi, nègre cambré! cria-t-il.

L'air n'était plus qu'une touffeur piquante qui agrippait la gorge. L'homme était de plus en plus excité, ses jambes parcourues par de grandes commotions, les bras ébranlés par de grands cahots, beuglant des paroles ésotériques,les yeux révulsés. Il s'abandonna:

--Prenez l'argent, général Lafumin!...Dans le canari!..

Mais justement on vit le canari osciller, puis s'écrouler et se briser en morceaux... La couleuvre s'agitait au milieu des débris où se voyaient également de grandes liasses de dollars, intactes... Le général Lafumin éteignit alors de son pied la flamme de la terrine, mais poussant un cri rauque, Désiré Chapoteau avait ouvert une porte et avait disparu.

--Compte l'argent! ordonna calmement le général Lafumin. Antoine était complètement stupéfié.

--Allons!...Ramasse l'argent, j'ai dit, et compte-le!...

Le jeune homme s'exécuta.

Le compte y était..., exactement la somme qui avait disparu, les mêmes billets: dix-sept mille huit cent cinquante-trois dollars. La monnaie ne manquait pas, quarante neuf cents exactement. Le général Lafumin avait un calme olympien.

--Bon!...Maintenant nous allons sortir, mets l'argent dans ta poche et tiens bien la patte de chat que je t'ai donnée...Tiens également ton revolver prêt, on ne sait jamais avec ce Désiré Chapoteau, il est capable de t'attaquer!...

Le général ramassa la terrine et ils se mirent à reculer. Quand ils arrivèrent à la porte, Désiré Chapoteau les attendait en effet. Il bondit, mais le général eut le temps de s'interposer, il cria à son protégé:

--Sauve-toi!...Je te protège!...

Antoine Grandisson se faufila et se mit à fuir. Le général exécutait une sorte de danse devant Désiré Chapoteau pour lui barrer la route. Il se mit alors à tirer, mais le général Lafumin fit front, le corps ramassa, les bras écartés, essuyant les rafales de revolver.

--Cambrez!...Moi, Pétion Chrysostome Lafumin!...Cambrez!...

Le vieillard hurlait sans arrêt, sans reculer d'un pas. Antoine Grandisson fuyait comme le vent, courant comme un fou dans la direction de la maison du général Lafumin. Celui-ci continuait à essuyer les coups de feu.

--Cambrez!...Moi, nègre arompla-vaudou!...Moi nègre des feuillages!...Cambrez!...

Au matin, dès la première lueur, l'inspecteur Antoine Grandisson voulut décamper de ce bourg hallucinant, mais sur les instances du général Lafumin, il accepta de rester encore quelques heures. En effet, le vieillard lui avait conseillé de faire la tournée des marchés de la région et d'interviewer les paysans, paysannes et marchands qui les fréquentaient habituellement. Accompagné de son protecteur, du juge de paix, d'un huissier et d'un greffier il n'eut qu'à parcourir le marché du bourg pour recueiller au moins quarante témoignages. Tous, ils certifiaient qu'une fois sur trois les employés des Contribution distribuaient de nouveau billets en échange du paiement de la taxe, mais ces billets étaient récupérés dès la fin du marché; ils servaient ainsi plusieurs fois...A onze heures du matin, la population entière du bourg accourait pour voir défiler l'agent des Contribution Désiré Chapoteau, encadré de deux gendarmes qui le conduisaient au dépôt. Sans demander son reste, l'inspecteur Antoine Grandisson repartait, se jurant de ne jamais remettre les pieds dans un tel patelin, même pour l'enterrement du général Lafumin, le compère de feu Duton Grandisson, son digne père. Il se promit cependant d'exécuter scrupuleusement les conseils de son sauveur quant à la conduite à tenir pour éviter les pièges, les maléfices et les envoûtements que n'allait pas manquer de tenter contre lui la famille du fonctionnaire indélicat. Il croyait dorénavant aux démons, aux morts, aux lémures, aux gallipotes, aux animaux fantastiques, à tout. Il y a plus de mystères sous la calotte des cieux qu'il n'y en a dans toutes les philosophies, disait déjà Shakespeare. Mais au pays d'Haïti-Toma, le fer coupe le fer, peut-être que, grâce aux esprits et aux Invisibles, Antoine Grandisson, triomphera dorénavant de toutes les apparences, qu'il deviendra un de ces grands politiques qui font et défont le réel. En tout cas, en échange du mariage de "raison" qu'il avait accepté, l'inspecteur était décidé à réclamer un emploi plus reposant. S'il essuyait un refus, il était résolu à tout envoyer au diable, à démissionner et à passer à l'opposition. D'ailleurs le gouvernement avait ses jours comptés, c'était également l'avis du général Pétion Chrysostome Lafumin qui s'était prouvé un nègre arompla-vaudou, un enfant des feuillages, un homme-palmiste, ce qui ne souffre aucune discussion.

Florette Morand-Capasso

(1926-)

Guadeloupean by birth, Florette Morand-Capasso has been an expatriot most of her life, residing first in France and then in Italy. She is known principally for her highly accessible, lyrical poetry. Morand-Capasso put out one collection of short fiction *Biguines* (1956), from which the tale of the Indian woman Aïcha is taken. Not a revolutionary concerned with the problems of social inequalities, Morand-Capasso explores instead the tribulations of the human heart, most particularly those of a woman's. The special interest of this story is its reminder of the racial variety to be found in the Caribbean islands and the ways in which it has created an exaggerated sense of social hierarchy.

Aïcha la petite Indienne

Dans un murmure confus de voix, deux mains s'étreignirent fraternellement à travers la portière, l'une blanche comme marbre, l'autre couleur de cannelle, fine et parée de bagues.

--Merci Laura! Bonne route!

--Bonsoir Aïcha!

La Matford embraya, couvrant remerciements, protestations et souhaits de bon voyage. Dans un nuage de blanche poussière, sur la route plus blanche elle disparut à un détour.

Aïcha, qui la suivait de l'oeil la paume en abat-jour, fit volte-face. Sa jupe de soie légère s'enfla comme une voile, son corsage de linon blanc lui donnait des ailes, et les grands cercles d'or pendant à ses oreilles rythmaient sa course.

Elle eut tôt fait de traverser l'allée ensablée au milieu de la pelouse, de gravir quatre à quatre les degrés de pierre menant à la villa mollement éventée par les palmes diaprées des longs cocotiers, pour jeter dans les bras d'une malabare*, qui lui souriait sous la galerie, la pétulance de ses vingt ans.

"Viens voir, Amie Stella!" dit-elle en tapotant le long carton qu'elle portait sous le bras.

Dans une chambre luxueuse et claire, Amie Stella contemplait la toilette étalée sur le lit, alors qu'Aïcha, plus bavarde qu'un jaco*, contait avec force détails sa sortie de l'après-midi, son essayage, sa visite au club, et son retour.

Amie Stella se laissait bercer par ce caquetage. Après vingt ans de dévouement, son orgueil était satisfait: Aïcha faisait florès.

Parente pauvre, elle s'était attachée à cette fleur de serre et maintenant elle était fière de constater que la chère petite hindoue était une des jeunes filles les plus remarquées de la bourgade.

Comme des filles de riches, Aïcha avait été envoyée en pension à Versailles. Comme les filles de riches, elle savait broder, chanter, jouer de l'orgue, du piano et, quand elle manifesta le désir d'abandonner la maison des bonnes soeurs, à quinze ans, le vieux Youmé, son grand-père, construisit pour elle la villa "Aïcha" à Grand-Camps, et préféra le calme de sa retraite au bourg de Saint-François tout près du temple de Bouddha dont il était le grand prêtre.

Youmé restait le vieil hindou, le malabar que, malgré sa sagesse, sa richesse et son intelligence, les stupides préjugés populaires méprisent un peu. Youmé restait fidèle aux traditions ancestrales, friand de riz, de palpou, de carry de massalé, de tabac étrangement parfumé, et fidèle serviteur des dieux de ses pères.

Mais Aïcha était une demoiselle! Il l'avait voulu, rien n'avait été trop cher, rien n'avait été trop beau pour parer sa délicatesse d'hindoue. Lorsque sur son passage les gens se retournaient ou, quand les dames du patronage venaient dans sa retraite le prier de permettre à Aïcha de se mêler à leur groupe, le vieux Youmé était heureux. Amie Stella n'en était moins satisfaite.

Et maintenant, elle allait arracher devant les jeunes filles du club ce prix de reine de beauté dont des préjugés fanatiques ont éloigné les indiennes, car Aïcha était la plus belle...

Plus belle que la grosse et insipide Laura Lamar, plus belle que Léila Relsy, la fille du maire, plus belle que Rosyte Baler la petite postière sophistiquée telle une vedette de music-hall. Le vieux Youmé avait dépensé sans compter: satinette fleurie, foulard calendré, fine lingerie délicatement brodée, rien n'avait été trop coûteux puisqu'il s'agissait de son Aïcha!

Nul doute qu'après une jeunesse si comblée, elle ferait à Youmé le grand plaisir de partager la vie de Vickie.

Vickie, un jeune hindou de Fond Cacao, d'une intelligence remarquable, avait tout de suite gagné la sympathie de Youmé. C'était le gendre de ses rêves. Mais les enfants ont de ces extravagances et Aïcha consultée n'en voulait pas entendre parler.

"Vickie? Non et non!...".

Et puis elle ne voulait pas se marier. Elle avait bien le temps d'y penser...

Enfin, rien ne pressait. Youmé conseilla à Vickie la patience, la seule chose qui pût rendre l'attente plus douce...

Un an passa. Chaque jour qui s'écoulait ne faisait qu'attiser le feu de la passion en Vickie. Il attendrait aussi longtemps qu'il le faudrait la rebelle Aïcha, son coeur l'avait choisie et, tant qu'elle serait libre, il espérait.

*

* *

Le jour de la fête arriva.--Plus fort que le murmure de la foule massée devant l'hôtel de ville, le haut-parleur émit:

"Le jury vous présente les quatre candidates selectionnées."

Un silence se fit, et parut au balcon une chabine* de vert vêtue. Sur son foulard vermeil se détachait en blanc le numéro 8.

"Mademoiselle Diana Rouel."

Quelques applaudissements crépitèrent, suivis de murmures frondeurs mais discrets. Près de Mademoiselle Rouel, hautaine, plantureuse, sans expression dans sa robe à bouquets rouges, prit place Laura Lamar. Elle dut au nom de son père les quelques hourrahs fanatiques déchaînés de part en part, à sa vue.

Tout le monde s'accrochait à dire cependant qu'elle n'avait, ni dans l'allure trop nonchalante, ni dans le regard trop distant, ni dans l'attitude trop altière, ce je ne sais quoi de vif et d'aguichant qui donne à la créole le plus prisé de ses charmes.

Soudain un tonnerre de bravos...Aïcha, plus belle que jamais, souriante, la démarche assurée s'offrait aux regards de la foule. Si la satisfaction faisait pousser le nez, Amie Stella et plus encore le vieux Youmé rivaliseraient avec le célèbre Pinocchio du caricaturiste Attilio Mussino.

Frénétique, la foule plébiscitait:

--Le 11! le 11!

Elle était vraiment jolie Aïcha, la petite indienne... Son teint de muscade relevé par un savant maquillage avait une troublante harmonie de tons. Un sourire confus esquissé découvrait la nacre éblouissante de ses dents. Sur ses tempes, des tresses noires et soyeuses avaient été enroulées en cône sous son madras* de toile bariolée, joliment plié en éventail.

Des bijoux? Nulle n'en portait comme elle! Les reflets de l'or se jouaient dans les plis de la robe de satinette fleurie bouffant sur les jupons de dentelle écrue qui découvraient ses délicates chevilles gainées de soie et ses pieds menus chaussés finement. Son regard d'une fixité troublante se posa sur la foule conquise, charmée, exubérante, puis à l'autre bout du balcon, sur un homme, un membre du jury dont les yeux ne quittaient pas les siens, et elle ne vit plus que ce regard brûlant qui la pénétrait toute...

Le soir, sur la place illuminée par les lanternes, sur la place où dansait la jeunesse dorée du pays, une biguine* endiablée la jeta dans les bras du bel inconnu.

Ce trouble...Jamais elle ne l'avait resssenti en dansant avec Vickie et, quand l'orchestre eut plaqué les derniers accords, leurs souffles, leurs mains, leurs yeux, et les battements convulsifs du petit coeur d'Aïcha avaient décidé de son sort.

*
* *

Il s'appelait Marc de Saint-Géran, vivait à Paris. Son père possédait de coquettes actions à l'usine de Sainte-Marthe où il était venu pour étudier la possibilité d'y établir certaines innovations.

Aïcha ne mangeait plus, ne dormait plus. Le jour, elle tombait dans des rêveries profondes et déprimantes. La nuit, sa pensée poursuivait le sommeil fugitif et elle devait respirer longtemps, longtemps à la fenêtre, le parfum lourd des fleurs de campêche, pour que le sommeil eut raison de son rêve.

Amie Stella ne s'aperçut pas aussitôt de son changement et, quand elle s'en rendit compte, la pauvre femme s'égara dans des conjectures.

Peut-être la petite était lasse, blasée par ses succès mondains, inquiète de son avenir...ou peut-être regrettait-elle d'avoir fait souffrir ce pauvre Vickie docilement soumis à son caprice?

Marc de Saint-Géran ne fut pas sans s'apercevoir du désarroi dans lequel il plongeait Aïcha, au hasard de leurs rencontres. La petite était belle, il n'était pas insensible à son charme; et puis une aventure est, dit-on, chose si banale sous le ciel des belles Antilles! On parle d'amour, on échange promesses, serments de fidélité, d'amour éternel, puis "vendanges faites, adieu panier*!" Quand on n'a pas recours à une solution possible sur place, un transatlantique sait résoudre ces délicats problèmes du coeur avec une rapidité à nulle autre pareille, emportant tantôt l'abandonnée qui va oublier l'infidèle au pays des brumes, tantôt l'amant repu, mettant entre sa conquête éphémère, sa colère, ses fureurs et lui, l'immense et vert océan complice. Eh bien! il ferait comme les autres...

Rusant comme un félin, Marc s'intéressa à la belle Aïcha. Evidemment Youmé, ses fidèles, et la trop confiante "Amie Stella" n'en surent rien.

Epuisée par une résistance de chaque minute, une nuit où Aïcha veillait solitaire à sa fenêtre, parmi les hibiscus de son jardin, elle aperçut la silhouette de Marc.

Il était son rêve, sa constante hantise, il était naturel qu'il fût là, dans la nuit que la plainte et l'appel des macous* emplissaient de sortilèges, que les cocotiers peuplaient d'ombres légères et mouvantes, tamis des rayons bleutés de la lune.

L'Amour? Il était partout cette nuit! Dans l'air alourdi par la grisante senteur des citronnelles, dans les languissantes symphonies de la brise océane, dans sa tiède caresse qui faisait frissonner l'eau jaspée du bassin, dans le ciel où se pâmaient voluptueusement les étoiles, et surtout dans les veines de la petite indienne qui brûlait une fièvre inconnue.

Elle alla droit à la porte-fenêtre, la franchit d'un bond.

Dans la nuit pleine de sortilège, la petite Aïcha se donna.

*

* *

La maison ne résonnait plus du frais rire de la jeune fille. Aïcha restait soucieuse, lointaine. C'était le moment pour Vickie, de frapper un grand coup. Amie Stella l'avisa et il vint, plein d'espoir. Plein d'espoir, le vieux Youmé l'accompagnait.

La jeune fille, avertie, ne bouda pas comme à l'ordinaire.

Quand elle entra dans la salle où l'attendaient ses deux visiteurs et Amie Stella, elle souriait presque mais tout de même, sur son beau visage, flottait un nuage douloureux. Aïcha prêta son front au baiser de Youmé, sa main à celui du délicat Vickie, puis s'adossant à la porte qui lui avait livré passage, levant son front de manière à fixer un point perdu dans la campagne, elle articula d'un trait:

--Je vais vous faire beaucoup de peine. Mais je préfère que vous le sachiez avant d'autres...Je ne suis plus digne d'être la femme de Vickie...

Sa voix avait marqué "plus digne" avec une précision qui n'échappa à personne, figeant le sourire déjà esquissé pour la contre-attaque, suffocant presque les trois auditeurs qui sursautèrent.

Youmé ouvrit démesurément ses petits yeux vifs, gratta de sa main anguleuse ses cheveux blancs, bien lissés sur son crâne, puis, visiblement agité, tira de sa bouche sa grosse pipe sculptée à l'image du grand Bouddha et cerclée d'or.

--Que veux-tu dire, ma fille?

--Je ne voulais pas être à Vickie, et maintenant, je ne *peux plus* être sa femme.

Il y avait toujours cette négation ostensiblement marquée...

Trois paires d'yeux la fouillaient incrédules, comme à l'appproche d'un orage, d'un raz de marée, d'un cyclone, cherchant dans leur ciel assombri les signes de la catastrophe qui s'annonçait: ces yeux rougis, ce cerne léger sous le voile des longs cils, ce corsage tendu par des formes plus opulentes...cette taille légèrement altérée...

Ils comprenaient; ils comprenaient! Vickie et Amie Stella baissaient la tête. Le grand prêtre de Bouddha si doux, si pondéré à l'ordinaire, frappant de son poing la table, fit voler en éclats une potiche de porcelaine. Une roseur subite colora sa figure ridée.

Il se leva, le geste solennel, se tourna vers Stella.

--Je t'avais confié ma fille. Je t'avais chargée de veiller sur elle. Je t'avais demandé de me la garder aussi pure que le bouc qu'on immole sur les autels de Malyemin*. Voilà ce que tu en as fait...

Aïcha voulut intervenir, un regard la foudroya.

Lentement, lentement, pour bien faire sentir le choc et chaque mot, Youmé prononça son réquisitoire. Stella debout devant lui, anéantie, ne cherchait même pas à se disculper. Bientôt vint la sentence.

--Et maintenant, femme haïssable, femme perfide, complice du vice, je te chasse! Tu mendieras ton pain sur les dallots des bourgs, tu connaîtras dans les nuits d'insomnies passées sous les poticos* de Pierre, Jacques, Gauthier, Philibert, ce qu'est la douleur d'un père trahi. Ta misérable personne va errer par les grands chemins. Les hommes te montreront du doigt, les femmes te poursuivront de leurs sarcasmes, les enfants te lanceront des pierres, car, de toi, nul, tu m'entends, nul n'aura pitié! Tu verras ce qu'il en coûte d'avoir trompé le vieux Youmé. Va t'en!. va t'en! va t'en!...

De son oeil humide embrasssant sa maîtresse, Stella disparut dans un mot...

Se tournant vers Vickie, Youmé lui prit affectueusement la main.

--Mon ami, j'avais fait un rêve. C'est fini, tu ne peux plus être mon fils.

Vickie tenta de clamer son amour, malgré la faute. Offensé, d'une pression de la main Youmé le fit taire:

--Le ramier de la montagne n'étanche pas sa soif dans la vase du marais. Adieu, mon ami!

Poliment, Vickie fut reconduit jusqu'au seuil. Restait Aïcha, attendant impassible que l'orage par elle déchaîné fit frémir ses nerfs malades.

Youmé se laissa tomber dans un fauteuil, prit sa tête dans ses mains, écoutant s'écrouler dans son coeur les colonnes du temple élevé sur l'image de la chère fille qui venait si cruellement de le décevoir...

Ce fut Aïcha qui rompit le silence:

--Mon père, c'est ma faute; Amie Stella n'est coupable que d'avoir eu trop confiance en moi. C'est moi qu'il faut maudire, c'est moi qu'il faut punir, c'est moi qu'il faut châtier, car seule, je suis vile et méprisable...

Youmé n'entendait pas. Son oeil restait vague, lointain et sa figure sans expression. Il revoyait le passé, la toute petite fille qui lui était confiée après l'accident l'ayant rendue doublement orpheline. Il revoyait vingt ans d'espérance, tout le bonheur donné, les informes joies reçues en échange et la cuisante réalité.

Faisant glisser ses mains, le long de ses bretelles jaunes, le vieux Youmé dit dans un soupir:

--Dis-moi tout, ma fille; dis-moi son nom...

--Mon père, répondit Aïcha, j'ai profondément aimé celui qui m'a perdue, mais depuis que je sais qu'il lui est impossible de tenir ses engagements envers moi, j'ai oublié son nom; n'insistez pas, mon père! C'est ma faute!

D'un geste, le grand prêtre de Bouddha congédia sa petite fille d'un ton qui n'admettait pas de réplique.

--C'est bien, rentre dans ta chambre.

Aïcha sortit. En vain s'enquit-elle de sa nourrice. Les domestiques interrogés s'obstinaient dans un mutisme farouche. Pas même dans le sable de l'allée elle n'avait trouvé trace de ses pas. A bout de patience, elle aborda Dinah, la petite jardinière.

--Va, tâche de rencontrer Amie Stella. Tu lui remettras...

La petite refusa de cueillir dans la main de sa maîtresse le bracelet d'or que cette dernière lui tendait.

--Madame Stella a sans doute mérité la colère du grand Youmé puisqu'elle a été chassée. Je n'ai pas le droit de déplaire au grand Youmé.

Elle eut mal, mal à sa pauvre tête, tout semblait tourner autour d'elle plus vite que les danseurs hindous sous leurs chapeaux emplumés. Elle tomba inerte dans ce jardin où, à l'insu de tous, elle s'était abondonnée.

Elle reprit ses sens dans sa chambre. La lingère, Nora lui frottait les tempes; dans la pièce traînait une âcre odeur de vinaigre. Avait-elle parlé? Non!

Elle le comprit à la question du vieillard attentif à son chevet.

-Ça va bien , maintenant?

Un pauvre sourire lui répondit; encouragé, il reprit:

--Aïcha, dis-moi son nom...

Mon père, je l'ai oublié. N'en parlons plus, je t'en supplie.

Son obstination blessa Youmé en lui démontrant qu'elle avait de qui tenir; il se redressa:

--Je sais ce qu'il me reste à faire, c'est bien ma fille.

A quoi bon, à quoi bon le nom de l'infidèle, alors qu'elle savait que la mort la plus atroce et les poursuites les plus mystérieuses étaient destinées à ceux qui agissaient comme Marc, et à leurs plus proches parents. Elle était trop imbue des principes de ses éducatrices pour favoriser les attaques de Youmé. Mieux valait souffrir seule, puisque seule elle avait voulu son sort, puisque seule aussi, hélas, elle avait aimé vraiment.

Aïcha s'aperçut que ses tiroirs avaient été vidés. Heureusement, aucun de ses papiers ne portait trace de l'infidèle. Son nom, elle l'avait enfoui dans le secret de son coeur et depuis longtemps déjà, elle ne le prononçait plus...

--Marc de Saint-Géran!

Ce nom qui naguère chantait dans sa tête, dans son coeur, sur ses lèvres, n'était plus maintenant qu'une torture.

Dès que Marc avait su qu'elle allait être mère, il s'était fait distant. Trompant la surveillance des domestiques et de sa gouvernante, une nuit, elle alla le trouver pour avoir une explication décisive, et, au lieu de son nom, comme il l'avait promis, le parjure lui offrit une liasse de billets.

"Pars pour la France, éloigne-toi de la colère de ton père, je crois que j'aime Laura Lamar, ton amie."

Tout en réduisant les billets en miettes, Aïcha planta là son séducteur. Au retour, elle fut tentée d'en finir. Pensant à la responsabilité de la pauvre Amie Stella, au châtiment de Youmé, elle se réconcilia avec la vie pour regagner sa chambre, meurtrie, désenchantée, attendant le moment terrible où le justicier saurait.

Il était venu, ce moment. Aïcha ressentait à la fois un soulagement et une angoisse, ce que ressentent les grands coupables, les bandits, les bagnards après l'aveu.

Le lendemain, la lingère, sa nouvelle dame de compagnie, vint l'informer qu'elles devaient partir en voyage.

La limousine qui devait l'emporter attendait dans l'allée. Accoudée au balcon, elle regarda une dernière fois le paysage familier: entre les palmes, plus loin que l'émeraude de la campagne, sur la mer de velours indigo, des îles bleues et lumineuses montaient la garde en demi-cercle: la Désirade, Marie-Galante, plus lointaine mais plus élevée, la Dominique. L'arrachement était cruel!

Descendant rapidement les marches de pierre, elle prit place dans la voiture, près de Nora, et n'eut que le temps d'apercevoir à travers la portière, au front de la grille, une cicatrice de plâtre à la place de la plaque bleue qui portait la veille encore son nom: "Aïcha".

L'auto roula longtemps, traversa villes et bourgs. Pourvu qu'il y eut à l'arrivée un mauvais lit où reposer ses membres rompus!

En pleine nuit, elle débarqua devant une modeste case, à la campagne. C'est là qu'il lui fallait désormais cacher sa honte en compagnie de gens hostiles, à la solde de Youmé, épiant le moindre de ses gestes, arrêtant ses tentatives de retrouver Amie Stella ou de lui venir en aide...

*

* *

Comme l'avait prédit Youmé, la malabare marcha longtemps à travers bois, pour ne pas éveiller l'attention des habitants du bourg, et avec elle leurs commentaires malveillants.

Empruntant les lisières des cannaies, elle marcha longtemps jusqu'à ce que ses jambes fussent engourdies. Alors elle se reposa à l'ombre d'un manguier, mordit deux fruits d'or pour tromper sa faim, puis reprit le cours de ses réflexions.

"Qui avait fait cet enfant à Aïcha?"

Elle reprit jour par jour, heure par heure, minute par minute ses souvenirs pendant ces derniers mois: rien, non rien...Elle ne voyait pas qui avait séduit sa protégée.

La nuit descendue, Amie Stella s'étendit sous l'arbre et dormit. A l'aube ses idées rafraîchies lui permirent la subite révélation de la culpabilité de Marc.

Ce pli amer qui avait défiguré Aïcha quand on leur annonça, un dimanche, à la sortie de la messe, les fiançailles de Laura et de Marc de Saint-Géran. Elle se souvint de ce regard lourd de désir dont il avait couvé Aïcha au balcon de la mairie, le jour de la dernière fête patronale.

Ah! c'était à cause de ce Marc qu'Aïcha souffrait tant... Elle siffla entre ses dents, une menace terrible.

Une petite fiole donnée par un coreligionnaire à qui n'était pas parvenu l'ordre de proscription du Grand Prêtre, s'emplit mystérieusement de la sève laiteuse de l'arbre-qui-ne-pardonne-pas blessé d'un coup de silex. Renfermant la blessure du tronc, Amie Stella glissa le précieux flacon dans son corsage, baigna ses mains dans la mer et disparut dans un fourré.

*

* *

Le jour des noces arrivé, le soleil touchait déjà les plus hauts acacias des mornes* voisins, lorsque Marc, qui avait veillé tard, se leva, la tête lourde, la gorge sèche.

La cérémonie serait célébrée à neuf heures, et près de la photo de Laura souriante, la pendule marquait sept heures cinquante-cinq.

"Firmin, je suis honteux!" confessa-t-il au fidèle domestique qui mettait à sa portée son costume et ses chaussures. Malgré le bain, sa tête restait lourde. Il avait eu cette nuit des cauchemars abominables.

La lampe qu'il portait en rêve avait été renversée par une indienne rageuse, le plongeant dans d'épaisses ténèbres...Le champagne, sans doute. Il en avait trop bu la nuit dernière, et les punchs aussi. Six petits verres! Sacrés punchs guadeloupéens! Comme les belles filles, ils vous montent à la tête et vous agitent au point de faire rêver toute la nuit.

Oh! ce songe...

C'était un banquet, un banquet qu'il présidait; un banquet où l'on ne servait que des poissons longs comme la table, et des escalopes crues.

--Ah! monsieur, c'est un bien mauvais rêve. J'aime bien à ripailler, moi, mais pas en rêve, monsieur; pas en rêve, monsieur, car moi j'aime la vie! On a beau être rond comme molocoye*, on lui trouve des douceurs.

Le vieux domestique sortit, sincèrement navré du songe de son maître où il s'obstinait à subodorer, malgré les railleries de ce dernier, quelque sombre conséquence.

Se rasant puis vaquant à sa toilette, le futur marié s'affairait. Son costume enfilé, rose par la seule perspective du bonheur qui l'attendait, Marc de Saint-Géran jeta un dernier regard à la glace. Parfait! Mais que sa gorge était brûlante et sa tête douloureuse! Il se souviendrait longtemps du champagne et du punch avalés pour mieux brûler son célibat la veille.

Peut-être un verre d'eau claire le remettrait...

Impérieux, un klaxon le réclamait en bas.

--Firmin, priez ces messieurs de m'attendre.

De joyeux reproches, d'acerbes taquineries montaient jusqu'à lui.

--Marc, en retard le jour de tes noces!

--Une minute, je descends.

Dans son gobelet d'argent, Marc versa l'eau de la carafe sans s'apercevoir que trois taches grises et mortelles marquaient le métal, avala d'un trait le breuvage, et rendit l'âme un quart d'heure après dans d'atroces douleurs, tandis que, par un sentier solitaire, triomphante sous sa robe outragée par les intempéries, Amie Stella allait vers son destin.

Magloire-Saint-Aude

(pseudonym for Clément Magloire, fils)

(1912-1971)

Son of a distinguished journalist, Magloire-Saint-Aude began his writing career by contributing to some of the leading Haitian publications of the time. In the 1940s, however, he changed both his style and his name. Influenced by French poets like Breton, he assumed a surrealist manner which rendered his texts lyrically strange, at best, densely impenetrable, at worst. Though principally a poet, Magloire-Saint-Aude produced several pieces of poetic prose, which he called "documentaires," and of which "Veillée" is a fine example.

Veillée

La morte était couchée dans un lit étroit. Noire et belle, elle semblait dormir, allégée, on dirait, de la peine de vivre.

*

C'était au Bel-Air, la nuit dans une ruelle équivoque.

*

Dans la chambre mortuaire, les assistants étaient comme écrasés sous le poids d'un lourd et mystérieux chagrin. Dans la galerie, les voisins étaient assemblés, et c'était un bavardage à mi-voix entre la mère de la défunte et la baigneuse-de-cadavres*. Celle-ci fumait un mauvais cigare, en crachant. Elle halenait l'ail.

*

On avait chuchoté que la trépassée n'avait pas succombé à la maladie, et l'on assurait qu'elle avait rendu le dernier soupir sans agonie.

*

Ce n'était pas, disait-on, une mort naturelle.

*

Comme, dans la galerie, on servait à boire, je quittai la chambre de Thérèse. La morte s'appelait Thérèse, et j'allai m'asseoir, sur l'insistance de "la madre", entre cette dernière et la baigneuse-de-cadavres, qui me réclama, aussitôt, avec autorité, du feu pour son cigare. Je fis craquer une allumette, et en en approchant la flamme près du visage de la baigneuse, je remarquai qu'elle avait des yeux de hibou ou de sorcière, des dents aiguës de bête, des mains horriblement calleuses. Nos regards, vifs comme des éclairs, se croisèrent avant que je fisse face à la serveuse qui me tendait un thé-à-la-cannelle. Je bus, puis une rasade de clairin, et du café. Je secouai la cendre de ma pipe, la bourrai, douillet, du merveilleux tabac Splendid, à l'arrière-goût de chocolat.

*

A minuit, un homme courroucé sortit du couloir attenant à la maison mortuaire. C'était un griffe, ventru comme une femme enceinte. Le rustre fouettait, avec véhémence, une jeune fille en robe de nuit transparente, une très belle grimelle, d'une carnation marbrée, aux regards d'ange. Elle était insensible aux coups qui lacéraient sa chair. Du sang tachait son vêtement, à l'épaule, quand, dans le lointain sinistre, un chien hurla à la mort; et, sans que l'on sût d'où il vint, le roquet, blanc comme du lait, fit irruption dans la ruelle, et se mit à lécher les pieds de la fillette.

*

Mes camarades, Laurent P. et Gaston F., m'appelèrent pour vider en leur compagnie une bouteille de Barbancourt. Je laissai donc à leurs bavardages, en m'excusant, et à regret, la mère de la morte, et la baigneuse-de-cadavres, et je rejoignis les buveurs.

*

Je me trouvai assis dans un fauteuil, dans une sorte de couloir-galerie, contigu à la chambre de la morte, juste à la porte de l'appartement d'icelle*, en sorte que je faisais vis-à-vis à la défunte.

*

En toilette blanche, comme une communiante, rehaussée, aux seins de bouillons de dentelles, Thérèse, en son immobilité éternelle, n'était pas lugubre. Elle n'avait pas de mentonnière, et sa jupe-cloche, toute droite, ne godait guère.

*

Les lèvres esquissaient un sourire, imperceptiblement nuancé d'espièglerie. Les cheveux, d'un noir corbeau, noyaient le front.

*

Mais, en examinant de près le visage (en étendant le bras, je touchais le cadavre), une particularité me fit frissonner: les yeux n'étaient pas hermétiquement fermés, et, entre ses paupières, la morte semblait me regarder...et me regardait, en effet, avec une fixité qui m'affolait d'angoisse. J'essayai de bouger, mais une crampe intolérable paralysait mes mouvements. Je voulus parler, mais j'étais aphone.

*

Et Thérèse me regardait toujours.

*

Moi seul.

*

Et mon regard, comme aimanté, ne parvenait pas à se détacher de ces yeux d'autre-monde.

*

Je réussis, néanmoins, à avaler un verre d'alcool, que Laurent me versait dans la bouche. Ensuite, j'eus le hoquet. Gaston m'apporta alors de l'eau citronnée, que je bus, haletant en gorgées espacées.

*

Mon hoquet continuait, en râles.

*

On me donna de l'aspirine. En dépit du sédatif, mon malaise continuait. J'étais en sueurs, glacé, et la morte, toujours, me regardait, entre ses cils, maintenant entr'ouverts, comme ceux des vivants....et j'en voyais les prunelles, hallucinantes.

*

On avait placé des cierges au chevet de la trépassée. Soudain, la flamme d'une des bougies vacilla, à reprises, comme sous l'haleine d'une présence occulte, et s'éteignit.

Les autres lumignons, comme à un signal, l'imitèrent.

*

Dans le demi-jour qui suivit, Thérèse ouvrit grands ses yeux, des yeux étrangement beaux, d'une gaieté sensuelle, inconvenante, jusqu'à la cruauté.

*

Je me fis violence, et je parvins à me lever, comme un automate, pour clore les paupières de la défunte....L'épouvante glaça mon sang, et une légère fumée s'échappa de ma veste.

*

Mais une sérénité indicible, tout à coup, inonda mon coeur, pendant que je portais le tuyau de ma pipe à mes lèvres.

*

Tous les invités étaient partis.

*

Depuis une demi-heure, l'angélus avait tinté le clocher de la cathédrale.

*

...A l'orient, les étoiles pâlissaient.

****

Bertène Juminer

(1927-)

Juminer is the only other French Guianian represented in the collection. He was educated at the University of Montpellier, from which he holds a medical degree. Juminer is the author of numerous scientific essays, but he has also contributed significantly to the growing body of francophone literature from the Caribbean. In his first novel *Les bâtards* (1961), as in later works of fiction, Juminer describes the many facets of being a "bastard child," born between two cultures, belonging to both and neither. "Le Résistant" explores a somewhat different aspect of colonialism, by offering a rare glimpse of what transpired in the colonies during the Second World War. The picture drawn here mixes humour with grim reality and, in the end, does not give a very flattering portrait of the Caribbean male.

Le résistant

Au cours de la dernière guerre mondiale, Trois-Rivières était assurément la commune la plus pittoresque de la Guadeloupe. Juchée à flanc de morne*, haut lieu de convergence des produits de la terre et de la mer, elle jouissait d'une insolente opulence en cette triste période de pénurie générale. Les paysans des Hauteurs, faute de camions en état de marche, voyaient leurs récoltes se détériorer sur pied; quant aux pêcheurs du bord-de-mer, écoeurés de devoir vendre à perte, ils laissaient à terre la plupart de leurs nasses. Chacun s'installait peu à peu dans une affligeante oisiveté. Néanmoins, le malheur des uns faisant le bonheur des autres, les tenanciers de bistrot connurent un regain de prospérité: le rhum et les jeux de hasard venant à point nommé comme antidotes au désoeuvrement.

C'est dans ce contexte singulier que deux éléments nouveaux marquèrent la vie de la commune: un afflux d'habitants du chef-lieu, qui, à bicyclette, en carriole, voire à pieds, s'en venaient chercher des vivres à Trois-Rivières--ce qui déclencha une formidable vague de marché noir--, et une agitation soudaine de la jeunesse masculine qui, lasse d'être ballottée entre le punch et les doudous*, reprit à son compte les slogans de la "France Libre", sans manquer d'organiser des commandos punitifs contre les "affameurs" venus de la ville et leurs fournisseurs ruraux.

*

* *

Chaque aube apportait sa dose de sensationnel, et la vantardise bien connue des Trois-Rivières faisait le reste. De violentes inscriptions, comme germées de la rosée, balafraient des ruelles vierges la veille encore. Les unes étaient manifestement patriotiques: "Peuple, soulève-toi!", "Des armes! Nous voulons combattre!" D'autres témoignaient de préoccupations plus personnelles: "X, tu n'es qu'un Allemand noir!" Périodiquement cependant, on apprenait qu'une nuit une douzaine de jeunes gens, embarqués sur un canot de pêcheur, avaient réussi à gagner clandestinement la Dominique, île anglaise voisine, afin de se joindre aux Forces Françaises Libres. C'est ainsi que progressivement chaque foyer eut, bon gré mal gré "son" résistant au-delà des mers. La fortune des armes aidant, les plus conformistes de naguère n'eurent pas à le regretter par la suite.

*

* *

Mam'zelle Loulouse, corpulente Câpresse* quinquagénaire portant madras*, lorgnons et hauts talons, était seule au monde. C'est dire qu'elle était incapable à l'occasion d'essuyer quelque larme furtive ou de se faire plaindre en évoquant le souvenir d'un fils ou d'un jeune frère parti en dissidence. Cela lui était d'autant plus douloureux qu'elle avait toujours pris fait et cause pour l'Homme-du-dix-huit Juin*, uniquement, soit dit en passant, parce qu'elle lui trouvait bien plus de prestance qu'au vieux Maréchal*. Dans ses prières--car elle était très pieuse et allait chaque matin à la messe de cinq heures--, elle ne cessait de souhaiter longue vie et succès à son favori. Option combien révolutionnaire quand on songe que Monsieur le Curé, du haut de sa chaire, fustigeait constamment ces "soi-disant patriotes, alliés des ennemis de la religion".

*

* *

Or, donc, un matin, Mam'zelle Loulouse s'en allant à l'église faillit marcher sur un ivrogne cuvant son rhum au milieu d'une ruelle. N'ayant été peureuse, elle s'arrêta pour identifier l'homme à la lueur d'une allumette dont elle gardait une boîte, à côté de son missel, tout au fond de son sac. Ce n'était pas spécialement de la curiosité de sa part, mais plutôt de la prudence. Car dans une commune où tout le monde se connaît et se chamaille, il n'est pas mauvais de savoir ce qui arrive à autrui; ça peut toujours servir. Mam'zelle Loulouse frisa le coup de sang en reconnaissant son filleul, un grand dadais de vingt-cinq ans aussi paresseux qu'écervelé.

Elphège! Elphège! murmura-t-elle, à court de mots pour exprimer à la fois sa surprise et sa déception.

Le sieur Elphège semblait avoir oublié jusqu'à son prénom. Il grogna pâteusement quelque chose d'inintelligible, changea de posture et tourna le dos à sa marraine. Au même moment le clocher fit retenir le "dernier son". Mam'zelle Loulouse, qui devait communier, hésita un instant, puis choisit de répondre à l'appel du Seigneur, persuadée en fin de compte qu'au sortir de la messe elle retrouverait son filleul au même endroit.

De fait, sur le chemin du retour, encore tout imprégnée de grâce divine et haletante d'avoir pressé le pas, elle aperçut le jeune homme recroquevillé dans la clarté naissante du petit matin Elle s'arrêta près de lui, l'appela d'abord à voix basse, sans aucun succès, se décida enfin à lui envoyer quelques bourrades rapides, car le jour n'allait pas tarder à se lever. Elphège finit par se redresser en se frottant les yeux. L'air pincé de sa marraine qui le fixait sans aménité derrière d'austères lorgnons suffit à le dégriser sur-le-champs.

--Lève-toi! dit-elle. Ne reste pas là, dans le serein*. Une tasse de café chaud te fera du bien. Allons, viens!

Que pouvait-il faire d'autre que de la suivre?

*

* *

Elphège avait à peine fini sa tasse que sa marraine se lança dans un long sermon bien senti. Sans doute n'était-ce point la première fois qu'elle lui faisait la morale, mais jusqu'ici jamais il n'avait été pris en flagrant délit de vagabondage et d'ivresse publique. Si d'ordinaire le discours moralisateur s'en tenait aux généralités ("L'oisiveté est mère de tous les vices"), aujourd'hui Mam'zelle Loulouse décochait un tir précis, d'autant plus efficace qu'Elphège était acculé.

--Tu devrais avoir honte!...Tu me fais beaucoup de peine, Elphège. Que doivent penser les honnêtes gens en te voyant dans cet état, toi mon filleul? Mon Dieu, que j'ai honte! Que j'ai honte!

Elphège eut un sursaut d'amour-propre:

--Tu as raison, marraine. Tout ça n'est pas bien. Mais que veux-tu, avec cette guerre, ce blocus, ce chômage?

--Précisément, coupa Mam'zelle Loulouse, quand on a ton âge et que la patrie est en danger, on fait la guerre. Ton défunt père s'est battu à Verdun...Toi, tu n'es qu'un pilier de cabaret!...Quand je pense à tous ces jeunes gens qui partent, pendant que tu fais la vie ici!...Ah! Tiens, tu m'agaces! Va-t-en!

*

* *

Il n'était pas loin de minuit, Mam'zelle Loulouse entamait son deuxième sommeil. Elle venait de regarder le cadran phosphorescent de son réveil-matin dont la sonnerie avait été remontée comme d'habitude pour quatre heures. C'est alors qu'une voix de ténor bien timbrée s'éleva sous sa fenêtre. Un homme chantait une chanson inédite dont Mam'zelle Loulouse ne connaissait ni l'air ni les paroles. Habitant à l'orée du bourg, elle n'avait pas de proche voisin. C'était donc bien à elle qu'on donnait la sérénade. Etonnée et un peu fâchée, elle tendit l'oreille. La voix entonnait avec application: "A ma mort, j'irai dans la tomble (*sic*), un pigeon blanc hi-i-i (*sic*) portera mes nouvelles." Le sang de Mam'zelle Loulouse ne fit qu'un tour, et elle lança son bras sous son lit à la recherche du pot-de-chambre. On allait voir ce qu'on allait voir: elle s'apprêtait à arroser ce troubadour, et de belle façon! Mais la facture inattendue d'un nouveau couplet improvisé brisa net son élan: "Adieu, ma chère marraine, demain matin je pars à De Gaulle (*sic*)!"

Elle sauta du lit, courut à la fenêtre qu'elle ouvrit à deux battants:

--Elphège, mon petit! pas si fort, on pourrait t'entendre. Viens, viens embrasser ta vieille marraine!

L'autre s'approcha. Se penchant au dehors, elle le pressa contre elle sans dire un mot et il se trouva blotti contre une masse de chair enveloppante aux exhalaisons d'encens, tandis que quelques larmes lui tombaient sur la nuque. Elle le relâcha enfin, trottina vers son armoire tout en remettant de l'ordre à son corsage de dentelle et en murmurant: "Mon Dieu, mon Dieu, protégez-le!" puis elle revint avec quelques billets de banque:

--Prends ça, mon petit! Tu en auras bien besoin. Maintenant va, va vite et que Dieu te garde!

Sur ce, elle lui tapota tendrement l'épaule une dernière fois pendant qu'il faisait demi-tour, referma sans bruit les volets, regagna son lit. Après avoir soufflé la chandelle, elle demeura longtemps à réfléchir dans le noir. Et elle ne sut s'être rendormie que lorsque la sonnerie du réveil l'extirpa d'un curieux rêve où elle revoyait son filleul en capote de laine et bandes molletières, s'élançant à l'asssaut baîonnette au canon.

*

* *

Quatre jours étaient passés. Mam'zelle Loulouse, son secret tapi au fond du coeur, s'était bien gardée de parler à quiconque de cet extraordinaire événement. Elle attendait patiemment sa minute de triomphe. Pour sûr qu'une seule amie, prenant pour la circonstance un air de conspirateur, finirait par lui annoncer: "Ma chère, ma pauvre, tu connais la nouvelle: ton filleul est parti en dissidence!...Ça alors?...Elphège!...Eh bé, eh bé, on peut dire qu'il a bien caché son jeu! " Non, elle n'avouerait point qu'elle était au courant. Il ne servait à rien de crier sur les toits que, peu avant ce départ héroïque, elle, Mam'zelle Loulouse avait serré Elphège sur son sein, en pleine nuit, par-dessus la pièce d'appui d'une fenêtre, qu'elle lui avait remis de l'argent, plusieurs billets bien craquants. Enfin, elle allait avoir à son tour un résistant bien à elle!...

Ce matin-là, comme à l'accoutumée, en dépit d'exaltantes méditations, Mam'zelle Loulouse, le front penché, avançait à petits pas comptés vers l'église, dans le martèlement serein de ses hauts talons sur les pavés humides. Elle se sentait une chrétienne comblée, en règle avec son Seigneur qu'elle recevait par la sainte communion quotidienne, avec sa Patrie qu'elle honorait par le truchement d'un filleul courageux. Alors elle leva dévotement les yeux vers le ciel en quête de quelque signe divin. Mais, tandis que son regard balayait la pénombre, elle aperçut devant elle la silhouette avachie d'un homme endormi, affalé dans le ruisseau: c'était Elphège.

René Depestre

(1926-)

No author from the francophone Antilles has been a more outspoken advocate of "littérature engagée" than Depestre. From his earliest collection of verse, *Etincelles* (1945) to the numerous polemical writings which followed, his consistent and all-pervasive theme has been the struggle of the oppressed. "Recommençons le monde," is his battle-cry. As a contributor to the Parisian review *Présence africaine* and to his own short-lived Haitian journal *La ruche*, he has been inspired by the class war. Exiled from his native Haiti in 1958, he found refuge in Castro's Cuba, where he continued to produce essays of righteous indignation. The story included here, "Un retour à Jacmel" taken from his collection *Allélulia pour une femme-jardin* (1973) reveals, however, a blunt insensitivity to a quite different form of injustice, that of gender tyranny. Its hero is a modern-day Don Juan who egregiously, not to say selfishly, delights in the pleasures of the flesh.

Un retour à Jacmel

Le docteur Hervé Braget arriva à Jacmel un samedi après-midi sur une haute moto rouge, au métal étincelant, qui faisait autant de bruit qu'un char d'assaut. Il fit en trombe le tour de la petite cité du Sud-Ouest haïtien avant de s'arrêter sur la place d'Armes, devant la villa que son père venait d'aménager pour lui en clinique. Le docteur Braget était le premier Haïtien de Jacmel qui rapportait des facultés de Paris un titre d'interne des hôpitaux. Son arrivée au guidon d'une Harley Davidson fut reçue comme un scandale. On s'attendait à le voir regagner le pays natal dans la Buick de son père. A la rigueur on eût admis qu'il revînt en tap-tap*. On eut compris qu'un jeune médecin ait l'envie de se mêler au petit peuple, aux volailles et aux bestiaux qui utilisent ce genre de locomotion.

La tenue du motard était un autre sujet d'indignation: le fils de Timoléon Braget, l'honorable exportateur de café, portait des culottes de golf, une chemise saumon avec un noeud papillon à pois, des bas noirs, des lunettes obscures d'aviateur et des gants de cuir. Dans cet accoutrement on ne reconnaissait pas le jeune homme studieux, l'athlète à l'élégance sobre, à gestes délicats, qu'on avait vu partir dix ans auparavant.

A Jacmel, ce soir-là, la médisance ne dormit pas le ventre vide. Sur les bancs de la place d'Armes comme dans les foyers, elle eut autant à boire qu'à manger. Aucun interne des hôpitaux de Paris, disait-on, ne se déplace en moto dans des vêtements de fantaisie, avec des chaussettes assorties aux verres de ses lunettes. Hervé Braget a dû ramasser de telles habitudes à Pigalle dans les bas-fonds de Barbes-Rochechouart. Sa tenue confirmait les bruits qui, de loin en loin avaient couru sur ses frasques d'étudiant. A un moment donné, il aurait suivi à Tanger une ancienne danseuse de ballet russe. De Tanger serait passé à

Casablanca, où il aurait fait de la prison à la suite d'une histoire de drogue. Plus tard on avait signalé sa présence dans une ville polonaise où il aurait enseigné la langue créole à une nièce du maréchal Pilsudski*. L'hiver 1935 on l'imagina en train de jouer de la clarinette dans l'orchestre que son cousin Théophile Zelnave avait formé à Liverpool. On perdit ensuite ses traces dans la cale d'un cargo néo-zélandais. On les retrouva six mois plus tard à la cuisine d'un palace de la Riviera italienne. Et sans crier gare il était rentré à la maison, plus proche de l'écuyer de cirque que du docteur en médecine.

Les notables de Jacmel, réunis dans les salons de Mme Cécilia Ramonet, par égard pour la famille Braget, décidèrent d'accorder un sursis à Hervé. On le tiendra en observation durant le temps qu'il lui faudra pour obtenir une clientèle dans la ville.

En moins de six mois le docteur Braget gagna pleinement la confiance de ses concitadins. Il avait avec succès soignés des grippes, des coqueluches, des paludismes, des ulcères d'estomac, des hernies, des fibromes, des blennorragies, des crises d'asthme et des dépressions nerveuses. A l'hôpital Sainte-Thérèse l'on fit à plusieurs reprises appel à lui, pour le mettre à l'épreuve. Il y réussit des opérations extrêmement compliquées. Quant à ses accouchements, on les disait de toute beauté.

En tant que citoyen, on ne lui releva aucun écart de conduite. Au Café de l'Etoile, chez Didi Brifas, il se joignait avec entrain aux parties de poker. Il parlait simplement de la pluie et du beau temps, sans jamais évoquer ses souvenirs de l'Hôtel-Dieu ou des Folies-Bergère. Il ne se vantait pas d'avoir pris souvent l'apéritif avec le professeur Henri Mondor*, ni d'avoir passé ses weeks-ends en Normandie dans les bras d'une petite-fille de Louis Pasteur*.

Profondément intégré aux travaux et aux jours de Jacmel, Hervé Braget était un Jacmellien de plus: il fréquentait les combats de coqs et les parties de cerfs-volants géants sur la plage. Le dernier vendredi de chaque mois, on pouvait le voir s'amuser au bal criminel tous azimuts qu'organisait le bâtonnier Népomucène Homère au fameux dancing *Au rat mort.* Le docteur Braget assistait de même aux baptêmes, aux fêtes de première communion, aux mariages, aux veillées et aux enterrements les plus humbles. Plus d'une fois on vit la moto garée près d'une porte latérale de l'église Saint-Philippe et Saint-Jacques: le docteur Braget entrait tailler une bavette avec Notre-Dame du Perpétuel Secours ou demander au petit Jésus de Prague de mettre ses pieds divins sur son cou de toubib* motorisé.

Sollicité par les distinguées dames du club Excelsior de prononcer une conférence sur un thème de sa convenance, un dimanche matin tout le Jacmel lettré put entendre le praticien disserter pendant deux heures sur "la présence d'un surréalisme populaire dans les cultes crétiques des Amériques". Il n'y eut, parmi les assistants fascinés, que Mme Cécilia Ramonet pour dire qu'à son estime, si on remplaçait surréalisme populaire par "érotisme baroque", on aurait une vue plus exacte de l'insolite message du conférencier.

Huit mois après le retour du docteur Braget, le journal local *La gazette du Sud-Ouest* publia sous la plume du bâtonnier Népomucène Homère un article qui résumait le sentiment de Jacmel:

"La cité des poètes est en mesure désormais d'acquitter sa dette envers Hippocrate*. En effet, nous avons dans nos murs, en la personne de notre ami, monsieur le docteur Hervé Braget non seulement un Interne des Hôpitaux de la Ville des Lumières, mais un spécialiste de la médecine la plus générale, un savant rompu aux thérapeutiques les plus audacieuses. Pourtant les débuts du docteur Braget dans la ville de son enfance ont été très pénibles. A sa place, n'importe quel autre disciple d'Asclépios* aurait rangé son stéthoscope et son scapel et aurait fait adieux à un Jacmel que ses superstitions empêchent de s'intégrer aux temps modernes. (Nous en savons quelque chose, nous autres les pionniers d'*Au rat mort.*) Il a suffi, en effet, d'une Harley Davidson et d'une chemise fantaisie pour soulever un tollé général contre le brillant garçon de Timoléon Braget. Aujourd'hui, par un juste retour des choses, les familles qui clouaient au pilori le docteur Braget et lui inventaient un passé d'aventurier sont les mêmes qui lui témoignent leur gratitude. L'enfant prodigue d'Esculape* a montré qu'il avait plus de deux roues dans son jeu d'homme de science... "

La cote du docteur Braget planait à cette hauteur quand une histoire de piqure fit entendre un autre son de cloche. Emile Jonassa, un jeudi matin, fit appeler d'urgence le docteur Braget à cause des migraines qui depuis quarante-huit heures retenaient sa femme clouée au lit. Le jeune couple habitait à Saint-Cyr une coquette maison à étages. Jonassa avait son atelier de cordonnier au rez-de-chaussée. Après avoir accompagné le médecin au chevet de la belle Erica, il les laissa seuls. Une demi-heure après, le docteur n'était pas descendu. Jonassa ne résista pas à l'envie d'aller écouter aux portes, son marteau à la main.

Respirez... respirez plus fort... Bien. Vous avez mal là... et ici ? Ne respirez plus... Une petite injection et tout ira à merveille...

Jonassa allait redescendre, tout confus de sa crise de jalousie, quand un soupir d'émerveillement qui lui était familier ébranla les racines de sa vie. Il rompit la porte et assena plusieurs coups de marteau à la tête du docteur Braget.

Le médecin, le crâne ouvert, eut juste le temps de dégringoler l'escalier et d'enfourcher sa moto. A un train d'ambulance, il courut se faire soigner à l'hôpital. La version d'"accident de moto sur la route des Orangers" ne dura pas une heure. Avant midi, Jacmel savait que maître Jonassa avait trouvé le docteur Braget en train d'expérimenter sur Erica Jonassa une seringue giratoire à injection intra-vaginale".

Après un tel scandale n'importe quel mâle se serait enfermé chez lui, dans le cocon de ses consultations, pour laisser s'apaiser la tempête. Le docteur Braget, à la stupéfaction de la ville, se montra partout, la tête enturbannée, donnant mille détails sur les circonstances de son accident de moto, avec un air de grand malade récemment trépané.

Deux mois plus tard, en début d'après-midi, un mauvais garçon s'approcha de l'atelier du maître tailleur Adrien Ramonet. Il fit signe au patron qu'il avait à lui parler. Il lui apprit brutalement que Mme Ramonet, depuis plusieurs jours, n'arrêtait pas de visiter le docteur Braget. Adrien administra une taloche soignée au garnement et revint à ses ciseaux. Mais un moment après, sous un prétexte quelconque, il rentra chez lui. Denise Ramonet venait tout juste d'arriver

--D'où viens-tu à cette heure ?

--Mon chéri, j'avais un horrible mal de tête. Prise de peur, je me suis précipitée chez un médecin.

--Qu'a dit le docteur Nerval ?

--J'ai été plutôt chez le docteur Braget.

--Depuis quand est-il notre médecin de famille ?

--Il habite plus près de chez nous.

Adrien Ramonet fit semblant de la croire et retourna à son travail. Le surlendemain, à la même heure, il alla se dissimuler sur la place d'Armes, sur un banc à l'abri d'un vieil arbre. Il ne vit entrer personne chez le docteur Braget. Il allait partir quand le galopin fit son apparition.

--Monsieur Ramonet, avant-hier vous m'avez frappé injustement. Un honnête père de famille ne mérite pas qu'on le mène en moto... Votre dame entre et sort par la porte du jardin...

Adrien Ramonet se prit la tête dans les mains. Des lueurs de meurtre troublaient ses sens.

--Qu'est-ce que vous auriez fait à ma place? il s'entendit demander au polisson.

--Moi, j'aurais pris une autre jolie pépée*. Ça ne manque pas à Jacmel.

Il se leva et courut jusqu'à sa maison. Il empila dans deux valises quelques effets personnels. Aidé du jeune homme, il gagnait la sortie quand Denise arriva, essouflée, les yeux brillants de bonne fatigue.

--Adrien, tu pars en voyage? Qu'est-ce qui t'arrive ?

--J'emmerde tes deux roues, espèce de garce !

--Adrien chéri, écoute !

Le nouveau scandale fit plus de bruit que le précédent. Adrien était l'un des fils de Cécilia Ramonet, la seule veuve de Jacmel qu'on appelait souvent par le prénom de son défunt mari: César! Le général César Ramonet était quelqu'un qui comptait dans l'histoire de la ville. Cécilia Ramonet, à apprendre que le docteur Braget venait d'outrager sa famille, tomba dans une rage folle. Il fallut la force de plusieurs tailleurs pour l'empêcher, sur-le-champ, d'aller comme elle disait "donner une leçon d'anatomie aux couilles du docteur Braget ". Elle brandissait une énorme paire de ciseaux qui, criait-elle, "n'etaient pas tombés des dernières pluies ".

Dans la soirée, César finit par échanger l'idée d'une vengeance personnelle contre l'adoption d'un "train de mesures" pour mettre fin à "l'escalade motophallique" du docteur Braget. D'une voix de général de gendarmerie, César dicta aux notables rassemblés dans son salon les décisions suivantes: primo, aucune femme de la bonne société de Jacmel ne mettra désormais les pieds à la clinique du docteur Braget; secundo, aucune famille honorable n'invitera sous son toit un médecin qui trahit si vilement le serment d'Hippocrate; tertio, Hervé Braget est exclu du club Excelsior; quarto, le préfet interdira par décret tout bruit de moto après cinq heures du soir et avant dix heures du matin; quinto, un vaurien de la ville peindra en rouge sur la porte de l'indigne praticien:

D A N G E R : le docteur Hervé Braget
roule en motophallus!

La riposte du docteur Braget arriva comme une bombe: il nettoya sa belle porte d'entrée et fit graver sur une plaque en bronze:

DOCTEUR HERVE BRAGUETTE,
GYNÉCOPHILE,
INTERNE DES HOPITAUX DE PARIS.

Le vendredi suivant, on dansa comme des fous, à *Au rat mort.* Une méringue endiablée célébra l'homme qui osait proclamer sa gynécophilie au monde! Dès lors, il n'y eut plus de Cécilia Ramonet, sinon un César en colère qui alla jusqu'à consulter Okil Okilon, un redoutable docteur-feuilles* de la région, pour jeter la malédiction sur le médecin.

Le passage du cyclone Betsabe fit croire à tous que le docteur Braget était né avec une coiffe. Il aida à ranimer et à reloger des centaines de sinistrés. Il indiqua les mesures d'hygiène à prendre pour éviter une epidémie. On vit sa moto sillonner les campagnes jusqu'aux endroits inondés. Le bruit courut même que son engin était amphibie et qu'il lui arrivait de voler quand les crues d'une rivière ne le laissaient pas passer.

Le cyclone parti, il y eut une grande accalmie dans la rade de Jacmel, dans les arbres de la place d'Armes, comme dans les esprits qu'inquiétait le mystère du docteur Braget. Cette trêve dura jusqu'aux derniers jours de l'année.

A l'est de la place d'Armes, il y avait le couvent et l'école des soeurs de Sainte-Rose-de-Lima. Jacmel aimait ces religieuses qui venaient de très loin partager ses soucis d'éducation et d'élévation spirituelle. Parmi les soeurs, il y en avait une, soeur Nathalie des Anges, qui était particulièrement aimée pour son dévouement, sa gentillesse, sa dévotion enjouée. Elle avait un autre mérite: sa voix apportait un élément de merveilleux au choeur de l'église Saint-Philippe et Saint-Jacques. Le batonnier Népomucène Homère allait aux offices rien que pour écouter comme il la décrivit dans *La Gazette du Sud-Ouest*, "l'eau pure de cette voix grégorienne couler sur des galets polis par la main de Dieu" .

Un dimanche soir, soeur Nathalie des Anges rentra des vêpres dans un état alarmant: elle avait des frissons, ses dents claquaient, ses membres étaient prostrés. A minuit elle faisait plus de quarante de fièvre. La mère supérieure, après avoir longuement prié, traversa la place d'Armes et amena le docteur Braget au chevet de la malade. Il l'ausculta avec une délicatesse infinie, en présence d'une demi-douzaine d'autres soeurs qui, à genoux, rosaires en main, montaient la garde dans la chambre. Il formula son diagnostic et indiqua un traitement. Trois jours après, soeur Nathalie pouvait reprendre ses cours. Au répit de midi elle alla remercier personnellement l'éminent docteur. Trois mois après, la mère supérieure confia au curé de Jacmel, le révérend père Naélo, que soeur Nathalie des Anges attendait un enfant du docteur Braget. La religieuse fut embarquée discrètement à bord du premier cargo en partance pour l'Europe. Bien que le secret fût bien gardé autour de ce malheur, Jacmel eut le sentiment que quelque chose avait mal tourné dans le départ précipité de soeur Nathalie des Anges. Les imaginations se donnèrent libre train: le docteur Braget pouvait engrosser à distance la femme qu'il voulait. A croiser une jeune fille, ou un essaim de jeunes filles, il n'avait qu'à braquer sur leur pubis "le rayon fécondateur" qu'il avait fixé dans le phare de la motocyclette, pour transpercer instantanément tissus et hymens...

Jacmel en était là quand arriva la Semaine sainte. Depuis la précédente, la ville avait vécu plusieurs scandales. L'un d'eux l'avait conduite au bord de l'abîme. Le père Naélo le rappela en chaire: Jacmel, victime du péché de ses vivants, méritait un Vendredi saint qui fît date dans l'histoire des poèmes de la Passion! Le curé de Saint-Philippe et Saint-Jacques invita les Jacmelliens à monter au Calvaire avec un Christ qui avait plus souffert que d'habitude. Il fallait que les rues de la ville, souillées par les roues du mal, participassent ardemment au mystère de la Rédemption.

Le chemin de croix partit à trois heures de l'église. Au nord de Jacmel, une élévation de terrain symbolisait le drame du mont des Oliviers. Au moment où un débardeur de la ville allait porter la lourde croix de bois, le docteur Hervé Braget s'avanca brusquement et offrit ses jeunes épaules. Il était vêtu d'un pantalon de golf noir et de la casaque jaune que revêtaient jadis ceux qui étaient condamnés au bucher de l'Inquisition. Le san-benito du docteur Braget brillait sous le soleil-lion de la Caraïbe. Des cris montèrent de la foule quand on reconnut l'homme qui tenait le rôle du Crucifié. Le drame de la passion éclata sur-le-champ: hommes et femmes se mirent à cracher sur le docteur Braget. Des gamins lui lancèrent des pierres. Des forcenés l'agonirent d'ignominies. Quelqu'un lui fabriqua, en un tour de main, une couronne d'épines avec du fil de fer barbelé, et il la lui posa sur la tête. A ce moment-là, Braget fit sa première chute. La foule entonna l'hymne de Vendredi saint. Le docteur se releva, baigné de sueur, saignant des oreilles, la bouche entrouverte, le visage transfiguré, avec une sorte de rayonnement dans ses traits.

A sa deuxième chute, un courant d'intense émotion saisit la foule. Des gens criaient "*Ecce Homo*", tandis que d'autres continuaient à vociférer des injures de plus en plus grossières. Il y eut des scènes d'hystérie quand le cordonnier Emile Jonassa commença à jouer des coudes et des épaules pour s'approcher du médecin. I] portait un marteau et d'énormes clous à la main.

--Crucifiez-le pour de vrai! cria Cécilia Ramonet.

--Crucifions-le! reprirent de nombreuses voix.

Mais Jonassa, arrivé à la hauteur de Braget, jeta marteau et clous à ses pieds. Il s'offrit humblement à l'aider à porter la croix.

--Vive Simon de Cyrène!

*--Simon le Juste!** *Ecce Homo!* criait-on de divers côtés.

Plusieurs personnes avaient des larmes aux yeux. Mais les outrages continuaient à pleuvoir, avec des pierres et des oeufs pourris. Sur la côte accidentée qui conduisait au sanctuaire, le docteur Braget tomba cinq fois de suite. Il était harassé. Quelques jeunes filles, parmi les perles de la ville, lui essuyèrent les yeux et les oreilles avec leurs mouchoirs de batiste. L'une d'elles le fit avec une telle tendresse qu'une lueur de miséricorde effaça soudain sur le visage de Braget le mystère de la souffrance et du péché, pour mettre à nu l'innocence d'un enfant puni. La candeur qui emana soudain de son être le rendait étranger au docteur Hervé Braget que la foule conspuait. Dans cet état, Braget franchit les derniers mètres qui le séparaient de l'endroit du Calvaire où il devait déposer la croix. L'hymne du Vendredi saint s'éleva de nouveau. Cette fois, il se mêla au souffle de la mer Caraïbe qui adoucissait la colline du Calvaire.

A dix heures trente du soir, une nouvelle se répandit comme une trame de poudre: Madeleine Dacosta n'était pas rentrée à la maison de ses parents. A la fin de la procession, on l'avait vue se diriger en compagnie de plusieurs jeunes filles vers le beau quartier qu'elle habitait au bas de la ville. A quel moment s'était-elle séparée de ses amies? Pour aller où? Après la cérémonie, les gens étaient rentrés rapidement chez eux, repus de lumière, de fatigue et de dévotion. Madeleine Dacosta avait dix-sept ans. Il suffisait de la voir marcher, nager, monter à cheval, manger, danser, se baisser pour ramasser un objet, descendre un escalier, pour savoir qu'elle était née pour rester une femme jardin au moins pendant un demi-siècle. A la procession ce fut elle qui manifesta le plus intensément sa miséricorde au moment où le Fils de l'Homme semblait souffrir le plus.

Cela n'empêcha pas Cécilia Ramonet de penser au pire quand elle apprit la disparition de sa filleule: Madeleine est au lit du docteur Braget! Son sang ne fit qu'un tour. Elle prit le chemin de la place d'Armes. La nuit était tombée. Elle s'avança le plus près possible de la clinique. Elle vit d'abord la motocyclette garée dans la cour, ensuite le docteur Braget qui faisait tranquillement les cent pas sur sa véranda dans ses vetêments de pénitent. Elle respira et alla sur-le champ rassurer son amie Germaine, la maman de Madeleine. Elle la trouva étendue sur un divan avec des compresses sur le front.

La maison des Dacosta était remplie d'amis de voisins, de curieux, comme dans une veillée. On se répétait que Madeleine Dacosta n'était pas une jeune fille à se suicider ni à se laisser entraîner dans une quelconque aventure. Sa disparition, un soir de Vendredi saint, ne pouvait être qu'un mystère. C'est ce que Cécilia Ramonet expliquait aux gens. Mais aux coups de minuit, elle changea d'opinion. Elle se leva brusquement de son siège et cria:

Ma filleule est en danger, c'est moi, César, qui vous le dis! Elle mit aussitôt son châle en bataille autour du cou. Depuis 1922 on ne l'avait vue faire ce geste avec autant de décision. Elle se précipita au presbytère pour demander au père Naélo de sonner le tocsin. Un quart d'heure après, César se trouvait à la tête d'un peloton de gendarmes, d'une douzaine de pompiers et d'un nombre important de volontaires. Elle proposa qu'on fouillât systématiquement Jacmel, maison par maison, y compris les lieux de villégiature de Meyer et des Orangers.

On fouilla Jacmel de fond en comble. Les familles honorables comme les maquerelles, les postituées, les truands durent ouvrir les portes, les armoires, les malles. Même l'établissement des frères de l'Instruction chrétienne, à la Petite Batterie, ne fut pas épargné, pas plus que le couvent des soeurs de Sainte-Rose-de-Lima qui ne pouvaient s'empêcher dans leurs prières d'associer le Christ de l'après-midi à l'homme qui avait perdu leur chère Nathalie des Anges !

Vers trois heures du matin, alors que les recherches étaient toujours vaines, le batonnier Népomucène Homère fit circuler dans la ville une légende oubliée depuis longtemps: l'homme et la femme qui forniquent le Vendredi saint, dans l'oubli du mystère de la Passion, sont condamnés à rester collés l'un à l'autre, pour longtemps. Il se forme entre eux un noeud de chair, un nombril maudit que même l'étole d'un pape ne peut défaire.

Le soleil se leva sur ce conte tandis que les gens rentraient se coucher, las de suivre en vain les traces de Madeleine Dacosta. Les plus égoïstes disaient que, de toute manière, Madeleine était assez grande pour administrer le merveilleux jardin qu'elle avait reçu du bon Dieu. Cécilia Ramonet ne l'entendait pas de cette oreille. Le César en elle restait aux aguets avec le ferme espoir de trouver la jeune fille. Elle tenait à peine sur ses jambes alors qu'elle suivait un sentier parallèle à la rivière La Gosseline. Tout à coup elle avisa une petite maison, très à l'ecart, protégée par un groupe de manguiers.

--Allons par là, dit-elle au père Naélo.

Au bout d'une minute, elle s'arrêta net, l'oeil fixé sur un objet précis.

--Regardez, mon père, dit-elle, là-bas, à bout de la tonnelle, n'est-ce pas un métal qui brille?

--Où ça, César? je ne vois rien, dit le curé

--Moi si, dit-elle en se mettant à courir.

Elle abandonna le sentier et coupa à travers un champ de bananiers. Après une centaine de mètres, elle distingua la motocyclette du docteur Hervé

Braget. Garée sous la tonnelle, un bout du tuyau d'échappement débordait toutefois l'espace de l'enclos.

César alla tout droit à la porte de la cabane. Elle frappa vivement.

--Qui est là? fit une voix d'homme.

--Je reconnais votre voix, Judas Iscariote, ouvrez! ordonna César Ramonet.

--La porte n'est pas fermée à clé, dit l'homme.

Cécilia César Ramonet poussa la porte, tout en faisant signe aux autres de l'attendre au-dehors. Les deux amants étaient nus, l'un à côté d l'autre, encore dans l'enchantement de la nuit et de leur tout dernier orgasme. Hervé Braget repoussa le drap que César s'était empressée de jeter sur eux.

--Lève-toi, ma filleule, dit César, je te ramène à la maison.

--Ecoute, marraine, dit Madeleine, occupe-toi de ce qui te regarde, pour Hervé et moi le samedi de gloire ne fait que commencer!

Les amants de la Semaine sainte durent quitter la ville, en moto, le jour même. On ne devait plus jamais les revoir à Jacmel. Leur légende se forma immédiatement: César et le père Naélo, en rentrant dans la petite maison au bord de la rivière, ne trouvèrent personne. Il y avait bien dans la pièce un lit en désordre qui révélait les jeux d'amour d'un couple ensorcelé. César se mit à chercher dans tous les coins où les amants étaient passés. Elle ne tarda pas à découvrir sous le lit un sexe de femme et un sexe d'homme qui, tout au bout de l'émerveillement réciproque, se livraient un ultime bon combat. Le père Naélo se jeta à genoux devant ce miracle. Mais, en un instant, à se voir devant des témoins, les deux sexes se changèrent en une paire d'ailes. Un oiseau unique s'envola gaiement dans le samedi immensément bleu de Jacmel. Une fois tous les dix ans, ce paradisier vient se poser sur l'un des fromagers de l'allée des Amoureux par où, soudain, la place d'Armes surplombe la mer des Caraïbes et la marée des rêves qui se font et se défont sans fin dans le monde.

Jeanne Hyvrard

(?)

Hyvrard is the only white writer in the collection. She belongs here because of her sympathy for the oppressed peoples of the Antilles and especially because of her sensitivity to the silenced woman. In two successive works, *Prunes de cythère* (1975) and *Mère de mort* (1976) this angry author places the cry of dislocation and alienation in the mouth of a half-crazed woman who shouts invectives of hatred motivated by despair and rage. Hyvrard eloquently fictionalizes justifiable madness in a world that deprives her heroine of legitimate speech. "Je ne parlerai pas français," she makes her character lament! The fragmented syntax in the following text captures the erratic movement of the train while the symbolism of the metro and its frantic patrons represents the frustrations of the outsider, who moves with the crowd, but does not belong to it and has no real destination.

Station opéra, six heures du soir, pendant des mois

Le métro. Le ventre de la ville. La matrice de tous les recommencements. Les ovaires des temps nouveaux. Les trompes de quel changement ? Le métro. Station Opéra. Six heures du soir. Pendant des mois. La course des passants suspendue. L'attroupement. Le regard. L'écoute. Un autre peuple. Un autre temps. Une autre histoire. Un autre monde remontant du fond de la mémoire. Les musiciens antillais. Bumidom. Emigration. Déportation. C'est la déportation qui recommence. Encore et toujours. L'exil sans fin. Bois Lézard. Crève-Coeur. Mon Désir. Je ne peux oublier. La rivière des mots dans la mangrove* de l'écriture. L'impossible retour. Trinité par Brin d'Amour. Cheveux frisés. Cheveux crêpus. Cheveux bouclés. La perpétuelle déportation. Chante! Chante sinon tu vas mourir. Surmonter ou périr. Une femme en mauve. Une femme en larmes. Un peuple en drame. Une ville en eau. La déportation qui recommence d'un continent à l'autre. Ballot d'arrachement. Brisure de déracinement. Cale de répression. Les musiciens antillais. Béret léopard de quel impossible combat? Béret sanguine de quelle séculaire souffrance ? Béret ocre de quelle mémoire de cacaoyer? Les musiciens de plus en plus nombreux. Vert. Jaune. Rouge. Le drapeau interdit colorant les calebasses. La contrebande des instruments sortis du sac. Un groupe. Un orchestre. Un peuple. De plus en plus nombreux Opéra. Auber. Havre-Caumartin. De plus en plus nombreux. A chaque souffrance. Chaque écrasement. Chaque écoulement. La perpétuelle déportatiom. D'Afrique en Amérique. D'Amérique en Europe. D'Europe en musique. Ces muets réunis autour de leur malheur. De leurs tambours. De leurs calebasses. Crève-coeur. Mon Désir. Trou l'Enfer. La mémoire. Je ne peux oublier. Quel homme disait: "Tais-toi tu me déchires." Tais-toi je ne peux t'entendre. Tais-toi. Mais tais-toi donc. Tu ne peux m'entendre. Tu ne veux m'écouter. La lassitude. La fatigue. La dépression. La plainte tranquille de ceux qui n'ont plus de langue. La révolte des cassés. La guerre des vaincus. Tu ne peux entendre la protestation de la vie violée. Un son d'abord. Puis deux. Puis tant. Puis tout. Infime d'abord, la musique du ventre souterrain. L'orchestre de l'autre terre. Un peuple entier dans la révolte. Un peuple plus nombreux à chaque écrasement. Rivière Opera. Morne Auber. Piton Caumartin. Les tambours. Les râpes. Les tonneaux. Les carburateurs. Les pièces détachées de quel moteur hors d'usage. Fragment périmé de la Société des Aciers et Ferrailles Réunis. Aubervilliers. Levallois. Mairie d'Ivry. Les déchets de la production marchande recyclée en protestation. Un son. Un bruit. Une musique. Le corps souterrain entrant en résonance. L'éclatement. Le temps en morceau. Le lieu en charpie. Le carcan de la mort se brisant. La séparation ne sépare plus rien puisqu'ils sont là avec moi dans la nuit du métro. Les peuples se fondant en un peuple unique. La terre unique devenant une culture unique. La femme en mauve là-bas, appuyée contre le mur, sa sacoche lui arrachant l'épaule. Devoir pour la semaine prochaine: "Dans le contexte de la mondialisation et face à l'industrialisation du Tiers-Monde, y a-t-il un intérêt national?" Survivre à la mémoire. Survivre à l'oubli. Survivre par l'écriture. Six heures. Métro Opéra. La respiration profonde du corps des choses. La souffrance suspendue. Le temps abandonné. Case Ivry. Morne Opéra. Piton Aubervilliers. Une plainte d'abord. La musique. La parole des sans voix. Les esclaves dans les plantations. Non. C'est fini. Tu peux dormir. Ils ne se plaignent plus. Leurs mains pourtant de plus en plus fortes sur les tambours. Tu peux dormir et ne plus écrire. Les cannes coupées dans les bras fatigués. Les enfants tendant les liens. Les vaches. Les bosses. Les cornes. Les charrettes. Le moulin. Les gerbes déchargées. Les coups. Les turbans. Les cases entre l'anse* et le moulin. Les cocotiers au loin. L'Anse Charpentier sous le vent. Les mains de plus en plus lourdes sur les tambours. Les moulins de l'entêtement broyant nos peines et nos jours pour en faire la farine de l'écriture. Pieds d'esclaves marchant sans fin sur les pales des moulins. Les vannes broyées. Les vies de femmes perdues dans les moulins à sucre. Les mots qui sourdent. La femme en mauve contre le mur du métro. La sacoche au bras.

Cette histoire qu'elle ne peut plus retenir. Marie-Galion criant ton nom sur les chemins de la plantation. Cette histoire qu'elle n'arrive pas à écrire. Devoir pour la semaine prochaine. "Dans le contexte de la mondialisation et de l'industrialisation du Tiers-Monde que devient la vie de Marie-Galion"? Le cri des femmes perdu dans les moulins à sucre. Le jus des vies perdues. La récolte douce-amère entre mort et folie. Le corps tout entier abandonné à la musique. Ouvert à la musique. Transpercé par la musique. Le corps devenu ventre dans la plénitude du vivant. Les yeux clos sans fatigue. Tous puissants. Toute mémoire entre brousse et savane. Voyage et lagune. Pirogue et mangrove. Marie Galion marche dans la plantation criant ton nom. La révolte douce-amère. Le cri des tambours qu'on n'a pas pu faire taire. Le reproche de la vie broyée. Les meules se broyant elles-mêmes. Le jus de la vie extorquée. Le moulin de la mort par exténuation. Par usure. Par épuisement. Les plantes exangues hors la dernière goutte d'eau. Les vies épuisées. Le jus canalisé jusqu'à la raffinerie. J'ai mal. Mal à cogner sur les tambours de l'égalité. Mal à entendre le cognement du tambour. J'ai mal. Mal à la vie. Mal à l'amour. "Dans le contexte de la mondialisation et de l'industrialisation du Tiers-Monde..." Les esclaves. Les cuves. Les louches. Les canaux. Ces histoires qui s'emmêlent. Piton Caumartin. Marie-Auber. Rivière Galion. Le jus de plus en plus épais. Les plateaux refroidissant le sucre cristallisé au-dessus de la mélasse. La femme contre le mur. Marie Galion n'en pouvant plus. Les mots au-dessus de nos vies. La mélasse à son tour transformée en rhum. L'alcool de la survie. L'écriture. La femme en mauve bouleversée par la musique. Opéra. Six heures. Opéra six heures pendant des mois. La remontée de la mémoire du monde. Pourquoi rentrer puisqu'ici est le lieu de toute chose ? Ce visage reconnu entre tous. A l'abandon du corps. Ce visage que disait-il ? Un jour de police. Un jour de mercenaire. Un jour d'armée française. Un jour d'écrasement. Un jour de silence. Que disait-il cet homme assassiné ? A bas... A bas qui donc... ? Tu peux dormir et ne pas écrire. Il ne descendra plus dans la ville les jours d'émeute. Direction Aubervilliers. Levallois. Mairie d'Ivry. Danser. Danser pour lui. Danser encore. Danser de tout mon corps. Mon histoire. Notre histoire. L'Histoire. Danser de tout mon corps la ville transfigurée. Opéra. Opéra. Tous les soirs. Six heures pendant des mois les musiciens antillais. Sortie de secours. Passage interdit. Danser quand même. Danser l'oiseau-lyre déployant ses ailes par la grâce de la musique. Danser le corps blanc abandonné à la musique noire. Danser le malheur commun. Danser l'empire du monde en une main unique. Danser les voix brisées resurgeant de toutes parts.

Maryse Ceriote

(?)

Ceriote, born in Guadeloupe, works in Paris. She is author of a children's tale, *Chouka* and a novel, *La mangouste antillaise*. In this story, which appeared in a 1982 issue of the journal *Présence africaine*, she offers another depiction of the supernatural. The heroine, who has lived in Europe, returns to her native land where she experiences the difficulties of re-adaptation of the exile-come-home. It is her contact with the supernatural which finally brings her back into the fold. The bizarre and amusing ending has symbolic significance here.

Alexandre Boigris

"Nul être humain n'est séparé à jamais de l'odeur du café coulé par sa grand-mère tout en haut des matins ailés de la jeunesse, nul n'est exilé dans sa propre rue natale ni déporté à vie dans sa couleur de peau, nul à cause de ses idées n'est condamné en son île à une existence de chien fou." (René Depestre)

D'un seul coup, la réalité bouscula la douceur tiède qui formait une cloison invisible entre la chambre et son sommeil. Mécontente, elle tendit la main hors du lit, prit son réveil, et le fit taire, puis elle se leva sans enthousiasme.

Cannelle, refusant sa pâtée aux légumes, s'était installée sur un tabouret dans la cuisine, d'où elle pouvait mieux l'observer. Elle la fixait de ses deux yeux exigeants, miaulant avec insistance. Ne voulant pas polémiquer de si bonne heure--au lever, les miaulements de Cannelle avaient toujours eu raison d'elle--elle lui tourna ostensiblement le dos et fit son café. Découragée, la chatte bâilla, abandonna ses provocations matinales et s'appliqua à se lécher, puis s'interrompit brusquement, les poils hérissés, moustaches en avant, et fixa le plafond: Guy, le locataire du dessus, hurlait quelque chose qui ressemblait à une chanson. Quand il ne chantait pas, sa chaîne stéréo le relayait ou le plus souvent, l'accompagnait. "Ah! voisine, la musique haïtienne!'...Guy était un jeune homme sympathique, mais à part leur musique, que savait-il de ses frères haïtiens?

Sa toilette faite, son petit déjeuner pris, elle dévala l'escalier, croisa des voisins qu'elle ne salua pas du chaleureux bonjour qu'elle dispensait certains jours. Dans la boutique de Man Chikoudou, elle acheta en hâte un pâté aux crabes et, pour éviter une perte de temps, lui laissa les dix centimes de monnaie.

Man Chikoudou lui lança un regard sévère: "On n'est pas en Métropole ici, pas besoin de mendicité!' Elle revint sur ses pas, et ramassa vivement sa monnaie, renonçant à s'expliquer, révoltée par l'ambiguïté de sa situation.

Elle arriva devant l'école avec trois minutes de retard. Encore une remarque de la directrice à prévoir. Déjà, la semaine dernière, après la visite de l'inspecteur d'Académie, madame Titou l'avait trouvée trop décontractée, insolente presque! Elle ne s'était pas tenue assez droite, semblait-il; on la voulait probablement au garde-à-vous.

Elle avait quitté les Antilles à l'âge de deux ans, son père, passant des douanes insulaires, à celles bien tristes du port du Havre, et sa mère d'un guichet à l'autre des P.T.T. Cependant leurs rêves n'étaient pas les siens, aussi dès qu'elle devint adulte, elle retourna au pays. Et elle voulait y rester! Mais les retours, nombreux depuis quelques années, étaient mal accueillis par ceux qui avaient pu échapper ou résister à l'exil. L'arrogance de quelques "revenus" ne faisait qu'envenimer ces délicates relations, et, d'incompréhensions en découragements, puis en démissions, certains finissaient par s'en retourner en France, des êtres de nulle part en dérive de nouveau.

Mademoiselle Boigris se sentait transformée, cependant. Elle avait acquis de l'assurance, surtout depuis le bal annuel de l'école, où elle avait dansé avec tant de naturel et d'aisance, que les regards de ses collègues s'étaient adoucis et que les railleries s'étaient éteintes, chacun s'étant aperçu, dès lors, qu'elle connaissait la musique et savait sur quel pied danser.

Aussi, pour la première fois depuis les six mois de son retour, elle commençait à respirer. Elle partait faire ses courses dans un bien-être tout neuf. Toutefois le charme n'opérait pas encore au marché:

--Doudou, pa diskité! an di ou pwi aye, alosou ka pwan ou lésé-y*?

A prendre ou à laisser, elle ne discutait pas, et payait ses christophines à la marchande sans rabais de faveur.

*

* *

La chaleur s'inflitrait dans les moindres recoins; les fleurs de flamboyants s'amenuisaient pour se protéger. Peu d'arbres jalonnaient le chemin, peuplé de cités en béton qui comprimaient les coeurs et les corps jusqu'à suffocation. C'était cela la nouvelle vie, le modernisme sans âme qui rendait les habitants de ce pays si hautains envers leurs voisins caraïbéens moins bien lotis qu'eux.

Les quelques sabliers atteints d'anémie ne se régénéraient pas. La population, à cette heure, comme des crabes sous le soleil, se vidait de son eau, elle dégorgeait. Mlle Boigris luisait comme une feuille de corossol*.

En dépit de ses allures modernes, cette ville n'était qu'apparence. Sa vraie vie était ailleurs, dans ses entrailles tourmentées où grouillaient en toute liberté, ses esprits malins de toujours. Comme des bataillons de lave volcanique, venus des profondeurs, les trépassés réapparaissaient, s'exposaient au grand jour, quelquefois même donnait l'assaut, empoignant la banalité du quotidien et aussitôt la plupart de ses habitants basculaient avec eux dans l'aventure.

Mlle Boigris, qui affirmait ne croire que ce qu'elle voyait, forte de ses convictions, passait habituellement à côté des signes annonciateurs des métamorphoses.

Par un mardi d'hivernage, vers treize heures, après les avis d'obsèques, la radio diffusa le message: "Mme Adelphine Minnevini, domiciliée au Chemin-au-Vent, entrera en paroles demain à midi, elle se taira le vendredi suivant à quinze heures. Son grand voyage commencera à minuit."

Mlle Boigris, haussa les épaules: la radio est faite pour informer et non pour raconter des balivernes. Son réalisme l'éloignait des conceptions spirituelles de ses compatriotes où, l'ici-bas et l'au-delà se trouvaient en perpétuel dialogue.

Mais les gens semblaient tendus, assiégés par une émotion secrète devant des dangers imprévisibles.

A la récréation, les enseignants ne parlaient qu'à mi-voix. Les bruits ordinaires de la cour s'étaient assourdis. Les enfants paraissaient absents. Tous étaient suspendus, en attente de l'inéluctable. Mlle Boigris soupçonnait le message, elle en était irritée. Peut-on être si crédule, attacher de l'importance à une facétie. Toute une localité envoûtée par un communiqué farfelu.

Dans la rue, les uns et les autres allaient et venaient sans but précis. A chaque carrefour, des petits groupes parlementaient, Mlle Boigris apprit alors qu'Adelphine, quimboiseuse* de son état, appelée Popotte à Diab, ainsi surnommée parce qu'elle avait, disait-on, conclu un pacte avec le diable, partait pour la vie des ombres. On lui dit aussi que tous les trente ans, un membre de la communauté, en commerce avec l'au-delà, sortait du rang pour mourir en pleine lumière. Il en était ainsi pour Adelphine qui raconterait pendant trois jours les faits et méfaits de sa vie de Gadèd zafè* engagée*.

Le lendemain, la population abandonnant ses occupations, convergea vers la maison d'Adelphine. On accourait même des communes avoisinantes.

Comme annoncé, Adelphine parla, assise sur son lit, du mercredi au vendredi quinze heures où elle entra en agonie. A la minute de sa mort, les habitants arrêtèrent pendules et réveils et tous tombèrent en léthargie; l'animation ne reprit qu'après le passage du convoi funèbre.

Personne ne suivait l'enterrement. Mlle Boigris se risqua quand même à l'extérieur. Sa raison vacilla lorqu'elle aperçut, derrière le corbillard, des couronnes mortuaires évoluant dans l'espace entraînées par leur propre mouvement. Des lamentations de pleureuses fantomatiques s'élevaient; le silence se fit lors de l'oraison funèbre, prononcée par la voix d'un membre ce cette hallucinante confrérie d'invisibles. Chavirée, elle rentra chez elle en plein cauchemar.

La vie de la cité n'était plus la même depuis le trépas d'Adelphine. Sa mort avait réveillé et libéré les zombis*. Au crépuscule, des êtres d'outre-tombe et d'outre-ciel envahissaient la ville. Plus personne n'osait sortir à la tombée du jour. Il fallut attendre quarante jours pour que cessent les apparitions de ce monde obscur.

C'est à cette période qu'elle confia à son voisin Guy son amour pour le fromager, arbre qu'elle trouvait majestueux entre tous. Elle éprouvait un véritable enchantement à voir le sommet couvert de petits flocons blancs comme du coton, qui se détachaient en s'éloignant au gré du vent. Guy la regarda longuement, s'assura qu'il n'était pas écouté, puis dans un souffle révéla le secret: "Presque chaque flocon est une personne, les autres sont des soucougnans*. Le peuple d'ombres qui chaque soir occupe nos quartiers, encombre nos maisons. Ils revêtent la forme humaine et s'activent à des tâches diverses jusqu'à l'aube où ils disparaissent."

Mlle Boigris fut terrifiée par cette subversion fantastique, en plein désarroi. Plus proche de ses collègues depuis le bal elle leur raconta alors ce qu'elle avait vu de l'enterrement d'Adelphine. Ils apprécièrent la confiance qu'elle leur accordait enfin; depuis longtemps, ils attendaient ce moment, cet échange. Par la suite ils furent très attentifs à ces transformations. Pour l'épauler dans ce passage difficile et la protéger, ils devinrent ses initiateurs et finalement ses amis. Pour eux, elle devint Alexandrine.

Cannelle ne prit jamais part à cette métamorphose. Elle vaqua comme d'habitude à ses occupations, suivant avec flegme les singulières obsessions de sa maîtresse.

Plusieurs semaines passèrent, Alexandrine maintenant, tout à fait à l'aise, convertie définitivement à son milieu naturel, convia ses amis à dîner. Au cours de la soirée, l'attitude tranquille de la chatte se modifia: prise d'une soudaine gaieté, Cannelle miaula plain-chant, puis changea de gamme, passa à une mazurka et pour finir, debout sur ses pattes arrière, dans la biguine*. Toute l'assemblée entra dans cette danse féline endiablée.

Maryse Condé

(1936-)

Undoubtedly one of the major literary figures to emerge from the Antilles is Guadeloupe-born Maryse Condé. For many years she has been a productive and impressive writer of imaginative fiction and contentious essays. Condé began her career with a play, *Le morne de Massabielle* (1970), but has since produced several novels. Something of a globe trotter, Condé has studied in Paris and London, and lectured and taught extensively in both Europe and the United States. Like so many other Caribbean writers, she was at first intrigued by her people's African identity, but soon discovered that the search for African roots might well be a dead-end, an empty myth. She treats that disappointing discovery in her first novel *Hérémakhonon* (1976) whose very title, which means "waiting for happiness" (as well as being the name of a store), underscores the irony of seeking black fulfillment in African origins. Condé has consistently eschewed labels like "Négritude, progressiste, indigéniste, régionaliste." The only epithet that matters in her view is that of writer. "La châtaigne et le fruit à pain," first appeared in her collection *Voies de pères, voix de filles* (1988). It deals with the complex relationship between a sensitive daughter and her self-absorbed father. The title refers to a local proverb, which identifies the *châtaigne* as feminine and the *fruit à pain* as masculine.

*La châtaigne et le fruit à pain**

J'ai connu mon père quand j'avais dix ans. Ma mère n'avait jamais prononcé son nom devant moi et j'avais bien fini par croire que ma vie était née de sa seule inflexible volonté. Ma mère marchait à pas rigides dans le droit chemin de la vie. Apparemment, elle ne s'en était écartée qu'une seule fois pour suivre cet homme sans visage, mon père, qui tout de même avait su l'enjôler avant de la rendre au devoir et à la religion. C'était une grande femme qui me paraissait sans beauté tant elle était sévère. Le front rétréci sous un madras* violet et blanc. La poitrine effacée dans une robe noire sans pinces. Les pieds chaussés de tennis soigneusement passés au blanc d'Espagne. Elle était lingère à l'hôpital de Capesterre, Marie-Galante, et chaque matin, elle se levait à quatre heures pour ranger sa case, cuisiner, laver, repasser, que sais-je encore. A sept heures moins vingt, elle ouvrait les grosses portes après avoir enflé la voix:

-- Sandra, je suis partie, hein! Vingt minutes plus tard, Voisine Sandra donnait du poing dans la cloison et hurlait:

-- Etiennise! Debout!

Sans tarder, je m'asseyais sur le matelas que chaque soir j'étendais au flanc du lit de mahogany de ma mère et je contemplais le visage morose de la journée. Lundi, mardi, mercredi, vendredi, samedi se ressemblaient comme des gouttes d'eau. Jeudi et dimanche étaient différents, avec le catéchisme et la messe des enfants.

Quand j'eus dix ans donc, ma mère cassa sa haute taille et s'assit en face de moi:

--Ton père est un chien qui mourra comme un chien dans l'ordure de sa vie. Mais voilà que tu dois rentrer au Lycée de Pointe-à-Pitre. D'ailleurs chez qui? Alors il faut bien que je m'adresse à lui.

J'apprenais du même coup, et que j'avais été admise au concours d'entrée en sixième, et que j'allais quitter mon îlot cul-de-sac, et que j'allais vivre loin de ma mère. J'en éprouvai un bonheur si suffoquant que d'abord je ne pus rien dire. Puis je balbutiai d'un ton que je parvins à rendre chagrin:

--Tu resteras toute seule ici?

Ma mère me lança un regard qui signifiait qu'elle ne se payait pas de mes mots.

Je sais aujourd'hui pourquoi je croyais haïr ma mère. Parce qu'elle était seule.

Jamais un pesant corps d'homme dans sa couche aux draps tirés comme ceux d'une première communiante. Jamais un gras rire d'homme dans le gris de ses sereins*. Jamais un bon goumé* dans les devant-jour! Nos voisines, en sanglotant, exhibaient des bleus, des bosses, des lèvres fendues qui parlaient de douleurs et de voluptés. Elle, quant à elle, tenait la main de Sainte Thérèse de Lisieux* et de Bernadette Soubirou*.

En ce temps--je parle de la fin des années cinquante--, je ne sais trop combien d'âmes comptait le bourg de Capesterre. Tout m'y paraissait somnoler. Les maîtres qui nous faisaient réciter: "La Loire prend sa source au mont Gerbier-de-Jonc . ." Les prêtres qui nous faisaient ânonner: "Un seul Dieu en trois personnes distinctes . . . " Et le garde qui battait à son de caisse: "Avis à la population . . . "

Il n'y avait que la mer, femme démente aux yeux d'améthyste, qui par endroits bondissait par-dessus les rochers et tentait de prendre bêtes et gens à la gorge.

Trois fois la semaine, un bateau que l'on prenait à Grand-Bourg reliait Marie-Galante à la Guadeloupe proprement dite. On y chargeait des porcelets noirs, de la volaille, des cabris et des jerricanes* de rhum à 55 degrés, des matrones fessues et des enfants en pleurs. Un matin de fin septembre, ma mère me traça une croix sur le front, m'embrassa sèchement et me confia au capitaine avec mon maigre bagage. Nous eûmes à peine quitté la jetée sur laquelle la foule rapetissait que ma félicité fit place à un sentiment de panique. La mer s'ouvrait comme la gueule d'un monstre, enragé à nous avaler. Nous étions aspirés vers ce gouffre, puis rejetés, vomis avec dégoût avant d'être entraînés à nouveau. Le manège dura une heure et demie. Des femmes, le rosaire à la main, priaient la Vierge Marie. Enfin nous entrâmes dans une darse violette au fond de laquelle riait Pointe-à-Pitre.

Je fus trois jours sans voir mon père qui se trouvait "pour affaires" à la Martinique. En son absence, je me familiarisai avec ma belle-mère, une petite femme couverte de bijoux et inflexible comme ma mère et ma demi-soeur, presque blonde, en jupe plissée soleil qui m'ignora superbement.

Quand il s'adossa à la porte du réduit qui m'avait été assigné au galetas, il me sembla que le soleil se levait sur ma vie. C'était un mulâtre assez foncé dont les cheveux bouclés commençaient à grisonner et dont un réseau de rides entourait les yeux gris foncé. Il rit de toutes ses dents étincelantes:

--Quelle sacrée négresse tout de même, ta mère! Elle ne m'a même pas informé de ta naissance et voilà que de but en blanc, elle m'écrit pour me mettre en face de mes responsabilités"! Mais je ne peux me dédire, tu es mon portrait craché!

Je fus infiniment flattée de ressembler à un si beau monsieur! Etienne Bellot, mon père, appartenait à une excellente famille. Son père avait été notaire. Son frère aîné avait repris la charge paternelle tandis que sa soeur se mariait à un juge de paix. A vingt ans, alors qu'il était recalé à la première partie du baccalauréat pour la quatrième fois, il avait eu l'excellente idée de faire un enfant à Larissa Valère, fille unique du grand quincaillier de la place du Marché. On l'avait donc marié en grande pompe à la cathédrale Saint-Pierre-et-Saint-Paul, quatre mois avant la naissance de sa fille, puis l'avait assigné au remplacement de son beau-père qui se faisait vieux. Cela ne dura bien longtemps! On s'aperçut que la recette journalière pourtant importante de la quincaillerie fondait entre les hommes avec qui il avait perdu aux cartes dans les bars Carénage, les femmes avec qui il avait fait l'amour un peu partout et les tapeurs professionnels. Larissa avait donc pris sa place à la caisse et ne l'avait plus quittée.

Je n'étais pas la seule bâtarde d'Etienne, même si j'étais la seule à demeure. Loin de là! Le dimanche, après la messe des enfants, c'était un flot de garçons et de filles de tous âges et de toutes couleurs qui venaient saluer leur géniteur et recevoir de la main de Larissa un billet de 10 francs craquant neuf qu'elle tirait d'une boîte réservée à cet effet. Le flot s'interrompait à l'heure du déjeuner et de la sieste pour reprendre plus tumultueux dès quatre heures de l'après-midi et ne tarir qu'à l'entrée de la nuit. Mon père, qui, le dimanche, jour du Seigneur, ne quittait pas son lit, n'entrebaîllait même pas la porte de sa chambre pour faire don d'un sourire ou d'une caresse . . .

En fait, il n'y avait de place dans son coeur que pour Jessica, ma demi-soeur presque blonde, qui levait rarement son oeil gris, tellement pareil à celui de notre père, de ses romans à quatre sous. Je ne tardai pas à apprendre que la méchanceté d'une maîtresse d'Etienne avait frappé Larissa d'un mal mystérieux qui lui avait fait porter en terre deux autres enfants légitimes--deux garçons, ceux-là -- et que Jessica était le bien le plus précieux du couple.

Larissa avait dû être très belle. A présent fanée sur pied, elle gardait des yeux couleur de fougère derrière ses lunettes et des dents de perle que ses sourires montraient parfois. Elle ne sortait de sa maison que pour s'asseoir, dos bien droit, derrière la caisse de la quincaillerie ou pour se rendre à confesse et à la messe. Levée à quatre heures comme ma mère, Larissa, qui employait trois servantes, ne laissait à personne le soin de repasser les complets de drill de son homme, ses chemises, ses sous-vêtements, ses chaussettes. Elle cirait elle-même ses chaussures. "Faisait couler" son café. Lui servait son petit déjeuner, seul repas qu'il prenait à heure régulière. Car tout le jour, il ne faisait qu'apparaître et disparaître. Son couvert demeurait mis des heures durant, la glace se fondant en eau dans le petit seau qui flanquait son verre et les mouches s'y noyant de désespoir. Quand il était là, quelqu'un l'attendait dans le salon, sur le trottoir, au volant d'une voiture, et il se hâtait vers de mystérieux rendez-vous dont il revenait tard dans la nuit, butant toujours sur la cinquième marche de l'escalier qui menait au premier étage. Je ne sais trop comment naquit son intérêt pour moi. Pendant des semaines, il ne me regarda guère, trouvant naturel que je sois traitée à peine mieux qu'une servante, vêtue des vieilles robes de Jessica, chaussée de ses vieilles sandalettes, étudiant dans ses vieux livres souvent réduits en morue*. Le dimanche, quand elle faisait la distribution aux bâtards, Larissa me donnait deux billets de 10 francs et j'allais au cinéma-théâtre "La Renaissance" pour voir les films américains en technicolor.

Un jour j'étais assise dans la cour et j'étudiais une récitation. Je me souviens que c'était un poème d'Emile Verhaeren.

Le bois brûlé se fendillait en braises rouges
Et deux par deux, du bout d'une planche, les gouges
Dans le ventre des fours engouffraient les pains mous.

Il surgit à côté de moi dans une chaude odeur de rhum, de cigarette et d'eau de Cologne Jean-Marie Farina et m'arrache le livre des mains:

--Tonnerre de Dieu! Les couillonnades que ces gens-là vous apprennent! Tu y comprends quelque chose?

Je fis non de la tête.

Attends, attends! J'ai ce qu'il te faut!

Il s'engouffra à l'intérieur de la maison, arrêtant Larissa qui déjà s'affairait:

--Non, chérie doudou*! Je n'ai pas le temps de manger. Puis il revint, brandissant un mince ouvrage:

--Tiens, lis plutôt cela!

Larissa intervint et fermement le lui prit des mains:

--Étienne! Ne mets pas tes bêtises dans la tête de cette enfant-là!

En fait, je ne sus jamais quelle lecture mon père me proposait, mais mystérieusement, de ce jour, la communication fut établie entre nous. Il prit l'habitude de s'arrêter dans la salle à manger près du coin de table où je faisais mes devoirs et de feuilleter mes livres, commentant:

--Les Alpes! Qu'est-ce qu'ils ont à vous parler du massif montagneux des Alpes? Est-ce que tu sais seulement comment s'appellent les montagnes de ce pays, le nôtre?

--Il y a la Soufrière* . . .

Bon, jeudi prochain, je t'emmènerai en excursion à la Soufrière. Nous partirons au pipirite chantant*. J'emmènerai aussi Jessica. Elle en a bien besoin, avec ses Delly* et ses Max du Veuzit! Larissa, tu nous prépareras un panier.

Larissa ne prenait même pas la peine de répondre et continuait de vérifier les comptes de sa cuisinière.

--Un bouquet à soupe. Un paquet de cives. Une boîte de clous de girofle.

Je n'en veux pas à mon père de ses promesses non tenues, de ses rendez-vous manqués. En général, il dormait à poings fermés quand nous devions partir dans le devant-jour. Ou ne rentrait pas avant minuit quand nous devions sortir dans le serein.

Non, je ne lui en veux pas.

Sans lui, je n'aurais jamais rêvé, imaginé, espéré, attendu.

Sans lui, je n'aurais jamais su que les mangues poussent aux manguiers, les quenettes aux quenettiers et les tamarins aux tamariniers des Indes pour la plus grande saveur de nos bouches. Je n'aurais jamais vu que le ciel est tantôt bleu pâle comme l'oeil d'un nouveau-né d'Europe, vert sombre comme le dos d'un iguane ou noir comme la noirceur de minuit, et compris que la mer fait l'amour avec lui. Je n'aurais jamais goûté aux pommes-roses de la rivière après le bain.

Il ne me fit sortir réellement qu'une seule fois. Un samedi après-midi, Larissa et Jessica étaient allées visiter de la famille et je devisais misérablement avec une servante aussi apeurée que moi-même dans cette vieille maison de bois où les esprits n'attendaient que la nuit pour troubler notre sommeil. Mon père entra en trombe et me dévisagea avec surprise:

--Tu es toute seule?

--Oui! Bonne Amie Larissa et Jessica sont parties à Saint-Claude.

--Viens avec moi.

Une femme l'attendait de l'autre côté de la place de la Victoire. Une négresse noire à la bouche barbouillée de rouge écarlate, des créoles* dansant à ses oreilles. Elle s'étonna:

--A qui cette enfant-là?

--C'est à moi.

Elle eut un soupir:

--Larissa fait des jeux, quand même. C'est pas acheter deux mètres d'indienne qui la tuerait. Tu as vu comment elle est fagotée?

Mon père me regarda et me vit peut-être pour la première fois avec mes oripeaux de Cendrillon. Il fit, perplexe:

--C'est vrai, ça! Si on lui achetait une robe "Chez Samyde"?

Ils m'achetèrent une robe de taffetas saumon à trois volants qui jurait avec mes tennis qu'ils ne songèrent pas à changer. Tout en marchant, la femme défit les quatre nattes graissées à l'huile de carapate* et tellement serrées qu'elles me tiraient la peau du front qui composaient ma coiffure et les disposa en "gousses de vanille". Ainsi transformée, je pris place dans l'auto-char. "Marie, mère de tous les saints" qui s'ébranla vers Sainte-Rose.

On mariait Sabrina, enceinte des oeuvres de Dieudonné, maître-voilier. Mais le curé, bon diable, fermant les yeux sur la montagne de vérité de l'épousée, acceptait de donner la bénédiction nuptiale.

La noce avait lieu dans une vaste maison, ceinturée d'une galerie et posée avec désinvolture dans un fouillis de bougainvillées et d'alamandiers à quelques mètres de mer qui paradait tout le jour sous le soleil. Une table longue de plusieurs mètres était dressée sous un auvent de palmes de cocotier tressées piqué çà et là de petits bouquets rouges et jaunes. Dans chaque assiette, les femmes déposaient des monceaux de boudin, large de deux doigts, assortis de tranches d'avocat. Déjà un orchestre s'était installé sous un arbre et la flûte des mornes* répondait au ti-bwa et au gwo-ka. Je ne me mêlai pas à la troupe des enfants car leurs jeux me paraissaient bien fades. Je préférai brûler mes oreilles aux conversations des grandes personnes dont je devinais sans les comprendre toutes les grivoiseries. C'est ainsi que je me retrouvai à côté de mon père volubile, illuminé de rhum:

--On n'a pas deux vies, Etiennise! En bas, sous la terre, il n'y a pas de chevaux de bois et le manège ne tourne plus. On est tout seul, serré dans son cercueil, et les vers font bombance. Alors tout le temps que le coeur bat, il faut en profiter. N'écoute pas ceux qui te disent: "Aïe, la vie, c'est une scélérate. C'est une femme folle qui ne connaît rime ni raison. Elle frappe à droite, elle frappe à gauche, et la seule vérité c'est la douleur." Moi je te dis que cette femme-là . . . Malheureusement quelqu'un nous sépara et je ne sus jamais la fin de l'histoire. Quand mon père revint auprès de moi, il avait la tête à autre chose et m'entreprit:

--Mes parents me répétaient: "Nous sommes des mulâtres. Nous ne devons pas fréquenter les nègres." Je n'ai jamais compris cela. Laisse-moi te dire, mes meilleurs amis sont des nègres. La première femme avec laquelle j'ai fait l'amour, c'était une négresse. Quel morceau! Ah! quel morceau! Quand elle écartait ses cuisses, elle m'engloutissait! C'est comme ta mère! Quel beau morceau! Mme Delépine l'avait recommandée à Larissa comme repasseuse, car elle faisait merveille avec ses carreaux*. Mais seulement avec eux, crois-moi! Malheureusement, elle était sérieuse. Le père Lebris avait rempli la tête avec toutes sortes de bêtises sur Marie et la virginité. Elle dormait au galetas. L'après-midi où je suis tombé sur elle comme la misère sur le pauvre homme, elle lisait *l'Imitation de Notre-Seigneur Jésus-Christ**. Fallait l'entendre me supplier: "Laissez-moi. Dieu vous punira, monsieur Étienne. Laissez-moi!" Tu parles si je l'ai laissée . .

Et moi, au lieu de me révolter devant le calvaire de ma pauvre mère, violentée sinon violée, je ris grassement, je ris lâchement.

--A chaque fois, c'était la croix et la bannière. Moi, je suis sûr qu'elle faisait sa comédie et qu'elle aimait ça autant que moi. Et puis un beau matin, elle a disparu. Sans un mot d'explication. Sans même demander son mois. Larissa était en colère . . .

Encore un crime à ajouter à ma liste. Je n'eus pas un mouvement de pitié pour ma mère. Sa découverte terrifiée. Sa honte. Sa fuite vers l'îlot natal. Le deuil de sa famille. La médisance des voisins. Et ce geste pathétique pour couvrir ma batardise: Étiennise, fille d'Etienne.

Quand nous rentrâmes le dimanche aux environs de trois heures de l'après-midi, Larissa, qui n'avait jamais levé la main sur moi, me battit comme plâtre sous prétexte que j'avais perdu ma bonne robe d'école. Je sais que ce qui l'enrageait, c'était cette intimité croissante avec mon père.

Ma mère ne s'y trompa pas. A peine eus-je mis le pied sur la jetée où elle m'attendait qu'elle m'enveloppa d'un regard lourd et laissa tomber:

--Tu es bien sa fille à présent!

Je ne répondis pas. Je passai les vacances de Noël, barricadée derrière ce silence hostile que j'élevais entre nous et dont je ne compris que trop tard, bien trop tard, l'injuste cruauté.

Je ne mesurais pas à quel point elle en souffrait. Je ne voyais pas se détériorer les grands traits rigides de son visage. Je ne faisais pas attention à son souffle rauque, retenant sa peine. Ses nuits étaient secouées de cauchemars. Au matin, elle s'abîmait dans les prières.

L'intimité avec mon père prit bientôt un tour que je n'attendais pas mais auquel, évidemment, je n'osai me soustraire.

Il me chargea de remettre des petits mots à toutes les élèves du lycée qui lui avaient enflammé le sang.

--Donne ça pour moi à cette petite chabine* de quatrième C.

--A cette grande câpresse* de seconde A.

Bientôt ce fut un véritable commerce de billets doux. Car on ne saurait s'imaginer combien ces jeunes filles de bonne famille que l'on voyait le dimanche à l'église, gardées à droite par leur père, à gauche par leurs frères et leur mère, et trébuchant de béatitude au retour de la sainte table, étaient prêtes à écouter les propositions déshonnêtes d'un homme marié dont la réputation n'était plus à faire.

Je mis au point une technique hardie. Je m'approchais de la proie convoitée alors qu'elle bavardait avec ses camarades dans la cour de l'école. Je me plantais devant elle et lui tendais sans rien dire le feuillet plié en quatre. Un peu surprise, mais sans méfiance, elle me le prenait des mains, l'ouvrait, commençait à le lire et alors là, rougissait aussi violemment que la couleur de sa peau le lui permettait. C'est que mon père n'y allait pas de main morte:

Ma chérie adorée,

Je vous ai vue sur la place de la Victoire et depuis je suis fou . . . Si vous ne voulez pas avoir un mort sur la conscience, asseyez-vous demain à 17 heures sur le deuxième banc de l'allée des Veuves. Je vous y attendrai avec un dahlia rouge à la boutonnière . . .

J'attends une réponse que j'espère favorable!

L'effet d'une telle épître était radical. Avant la fin des classes, la victime me remettait un feuillet plié qui acceptait le rendez-vous.

Alors que j'étais en quatrième, entra au lycée Marie-Madeleine Savigny. Elle arrivait de Dakar où son père avait été magistrat et gardait de son enfance africaine une langueur aristocratique. Elle appelait les sandales des "samaras "et les servantes de sa mère, des "boyesses". Tous les hommes valides de Pointe-à-Pitre brulèrent pour elle, et mon père plus fort que tous les autres.

Quand je lui apportai le traditionnel billet doux, elle le parcourut de son regard noisette et sans hésiter, elle le déchira et en répandit les miettes au pied d'un sablier centenaire. Mon père ne se tint pas pour battu. Par mon intermédiaire, il revint à la charge le lendemain et les jours suivants. Au bout de la troisième semaine, la résistance de Marie-Madeleine était intacte tandis que mon père était une véritable loque. Rentré à heure précise, il me guettait du balcon avant de dégringoler l'escalier, fougueux comme un adolescent:

--Alors?

Je secouais la tête:

--Elle ne veut même plus prendre la lettre de mes mains.

Les traits de son visage s'affaissaient et il redevenait le petit garçon outrageusement gâté qu'il avait été.

Car il avait été le favori de sa mère, de sa grand-mère, des soeurs de son père, des soeurs de sa mère qui le mangeaient de baisers, passaient à tous ses caprices et l'appelaient voluptueusement Ti-Mal*.

Au mois de juin, Marie-Madeleine créa l'événement en ne se présentant pas à la première partie du baccalauréat. Quelques semaines plus tard, on apprit qu'elle épousait Jean Burin des Rosiers, le quatrième fils d'un grand usinier béké*. La stupeur fut à son comble. Quoi! Un béké épouser une fille de couleur? Même pas une mulâtresse, avec ça! Car le père Savigny, bien que magistrat, n'était qu'un vulgaire nègre rouge. Quant à la mère, est-ce que ce n'était pas une chappée-coolie*? Pareille chose ne s'était produite qu'en 1928, l'année du terrible cyclone, quand un Martin Saint-Aurèle avait épousé une négresse. Mais sa famille lui avait tourné le dos et le couple avait vécu dans la misère. Tandis que les Burin des Rosiers ouvraient les bras à leur bru. Le monde marchait sur la tête!

Le calme revenait tout juste dans les esprits quand Marie-Madeleine, qui n'avait plus besoin de se sangler et de se corseter, laissa apparaître un ventre vieux d'au moins six mois dans ses amples robes de soie fleurie.

Mon père prit part à la curée. Au milieu d'un cercle graveleux, je l'entendis raconter, sans rien tenter pour le démentir, comment il avait goûté au pain-doux-sucré* de Marie-Madeleine, mais, plus habile que Jean, ne s'était pas laissé pincer la main dans le sac.

Je passai des grandes vacances effroyables à Marie-Galante. Comme j'allais entrer au Lycée de la rue Achille-René-Boisneuf et partager les cours de physique et chimie avec les garçons, ma mère se mit en tête de me confectionner une garde-robe. Elle descendit donc à Grand-Bourg où elle acheta avec des mètres et des mètres d'étoffe des patrons, de la craie tailleur, des ciseaux à crans . . . Chaque jour, quand elle revenait de l'hôpital, c'était d'interminables séances d'essayage. Je ne pouvais supporter le contact de ses mains tâtonnantes et ses ronchonnements:

--Ça tombe bien de ce côté-là. Pourquoi l'autre ne fait pas la même chose?

Le dimanche 15 août, je refusai de l'accompagner avec la robe à godets qu'elle croyait avoir réussie. Elle me tint tête:

--S'il t'adore comme tu crois, pourquoi ne t'habille-t-il pas?

Car depuis plus de trois ans que je vivais chez mon père, à l'exception des deux petits billets craquants de Larissa, je n'avais jamais vu la couleur de son argent. J'étais condamnée à perpétuité à regarder de loin les livres dans les librairies, les parfums dans les parfumeries et les glaces chez les glaciers.

Chaque fois qu'elle en avait l'occasion, ma mère me faisait parvenir deux ou trois billets crasseux, accompagnés d'un mot toujours le même: "J'espère que tu es en bonne santé. Ton affectionnée maman, Nisida".

Grâce à cela, je pouvais m'acheter des cahiers, des plumes, et remplir mon encrier d'encre bleue des mers de Chine.

A la rentrée d'octobre, mon père ne me confia plus de billets doux. Je me sentis tellement frustrée, dépossédée de ma peu reluisante mission de messagère, que j'aurais bien attiré son attention sur les jolies poulettes (comme il aimait à les appeler autrefois) qui picoraient en toute impunité dans la cour de l'école. J'eus bientôt la clé du mystère. Il était tombé en amour comme on tombe au fond d'un précipice pour la très jolie femme d'un tailleur portoricain du nom de Artemio qui avait ouvert son échoppe rue Frébault. Lydia était vertueuse. Ou peut-être simplement n'aimait-elle pas mon père. Elle s'ouvrit à son mari de ces assiduités qui l'importunaient et celui-ci, bouillant comme tous les Latins, décida de donner à l'audacieux une leçon qu'il n'oublierait pas. Il loua les services de trois ou quatre fiers-à-bras, dont un ancien boxeur surnommé Doudou Sugar Robinson. Ceux-ci guettèrent mon père un soir qu'il traversait la place de la Victoire de son grand pas chaloupé et le laissèrent pour mort, au pied d'un flamboyant. Vers minuit, on apporta à Larissa ce corps inerte et ensanglanté. Transfigurée, elle fondit sur son homme enfin à sa merci. Pendant des semaines, ce fut un va-et-vient de tisanes, de cataplasmes, de frictions d'arnica, de sangsues du marigot chargées de pomper le mauvais sang. Quand le médecin tournait les talons, emportant ses sulfamides, arrivait le kimbwazé* avec ses racines. Chaque dimanche, après la grand-messe, le curé en profitait pour venir dépeindre à ce pécheur notoire la couleur des flammes de l'enfer.

Mon père ne se remit jamais de cette mésaventure. Dans son zèle, Doudou Sugar Robinson lui avait fracturé l'arcade sourcilière, écrabouillé l'arête nasale, brisé la mâchoire en trois endroits. Tout cela se ressouda très mal et les bonnes gens de Pointe à-Pitre eurent occasion de hocher la tête:

--Dieu est surprenant! Un homme qui était si bien de sa personne!

Mais ce fut surtout l'orgueil, le moral qui en prirent un coup. Mon père se vit la risée de tous. Il devint ombrageux, susceptible. Il se querella avec ses meilleurs amis. Il perdit cet enjouement qui faisait merveille auprès des femmes. Il devint triste, rancunier, pleurnichard.

Quant à moi, avec la cruauté des adolescentes, je me hâtai de me détacher de ce héros qui n'en était plus un, qui traînait les pieds en ressassant ses anciens succès. Je commençai de le réévaluer. Que valait-il exactement?

J'en étais là de mes réflexions quand j'appris que ma mère avait dû être hospitalisée.

Moins d'un an plus tard, elle mourait d'un cancer dont elle avait tu à tous les premiers symptômes.

Questions

ROUMAIN

1. Avec quels sentiments Michel rentre-t-il en Haïti?
2. Que pense-t-il de sa belle-mère?
3. Et Madame Ballin, qu'est-ce qu'elle n'aime pas dans le caractère de Michel?
4. Décrivez Horatio Basile.
5. Michel, quels rapports a-t-il avec ses enfants?
6. Que dit-il de sa maison?
7. La voix intérieure que recommande-t-elle à Michel?
8. A qui Michel doit-il écrire et pourquoi?
9. En quoi consiste le dilemme de Michel?
10. A la fin quelle décision Michel prend-il et pourquoi?
11. Commentez les éléments autobiographiques.
12. Quelle impression a-t-on de la vie sociale haïtienne?

DAMAS

1. Comment Dieu-le-Père est-il représenté?
2. Pourquoi les trois frères pleurent-ils?
3. Que propose Dieu-le-père?

4. Qu'arrive-t-il au dernier frère à visiter l'eau?
5. Que lui répond Dieu-le-Père quand le frère aîné porte plainte?
6. En quoi consiste le second cadeau aux trois frères?
7. Sur quelle note moralisante le conte se termine-t-il?
8. Analysez l'art du récit.
9. Quelle est la conception de l'univers et de Dieu?

TARDON

1. Quelle signification faut-il donner au premier paragraphe?
2. Que fête-t-on en ville?
3. Quels symptômes le père reconnait-il chez le fils?
4. Quels bons conseils lui donne-t-il?
5. Le fils où va-t-il après le départ du père?
6. Qui est l'homme attaqué dans la chambre?
7. Comment le père propose-t-il de tout "arranger"?
8. Que faut-il penser du père à la conclusion de l'histoire?
9. Quels sont les éléments ironiques?
10. Quel portrait fait-on de la sexualité masculine?

ZOBEL

1. Expliquez le nom du héros.
2. Faites son portrait.
3. Comment est-il en classe?
4. Qui sont Popo et Léonie?
5. Pourquoi Casimir doit-il se lever très tôt le matin?
6. Pourquoi Casimir ne peut-il pas courir avec les autres?
7. Qui arrive un jour à l'école et pour quelle raison?
8. Que découvre le médecin?
9. Commentez la dernière phrase du texte.

10. Faites le portrait du monde des jeunes.

CARBET

1. Qui est le vrai narrateur ici?
2. Quelle est la profession de Moursault?
3. Fonsine, comment est-elle?
4. Décrivez la "Mère Tense."
5. Qu'est-il arrivé à Fonsine?
6. Qui est la "Vié Rose?"
7. Que doit-on faire avant la mort de "Vié Rose?"
8. Faites la description de l'intérieur chez "Vié Rose?"
9. Pourquoi demande-t-on les services du quimboiseur?
10. Racontez le dénouement de l'histoire.
11. Discutez la forme narrative.
12. Analysez la conception du mal.

LACROSIL

1. Que dit-on de la mare du Morne Masselas?
2. Que faut-il offrir à la Dame Blanche?
3. Qui raconte l'histoire et pourquoi?
4. Décrivez Sannahar.
5. Pourquoi Mme de Masse-Lasse va-t-elle consulter Sédor?
6. Racontez l'histoire du nouveau commandeur.
7. Comment M. de Masse-Lasse trouve-t-il la mort?
8. Qu'est-ce qui a sauvé la vie au conducteur de la calèche?
9. Qu'arrive-t-il à la fin à Mme de Masse-Lasse?
10. Qu'apprend-on sur la vie des esclaves?.
11. Quelle conception de la religion se dégage du texte?

ALEXIS

1. Que signifie l'épisode de la voiture?
2. Décrivez la maison du général.
3. Pourquoi ne rencontre-t-on pas tout de suite le général Lafumin?
4. Que fait l'inspecteur en attendant l'arrivée du général?
5. Le général, comment est-il?
6. Qui était le général Grandisson?
7. Quel est le but de la visite de l'inspecteur?
8. Que se passe-t-il dans la rue?
9. Qu'est-ce qu'on envoie chercher à Port-au-Prince et pourquoi?
10. Que se passe-t-il à la maison de Désiré Chapoteau?
11. Quelle décision prend Grandisson à la fin?
12. Définissez le rôle du surnaturel.
13. Commentez l'emploi de la couleur locale.

MORAND-CAPASSO

1. Comment l'histoire commence-t-elle?
2. Décrivez Aïcha.
3. Que fait Youmé dans la vie?
4. Qu'est-ce que c'est que la biguine?
5. Qui est Amie Stella?
6. Qui Youmé a-t-il choisi comme futur gendre et pourquoi?
7. Où Aïcha a-t-elle fait la connaissance de Marc de Saint-Géran?
8. Pourquoi ne dit-elle pas à son grand-père le nom de son amant?
9. Comment Amie Stella venge-t-elle sa maîtresse?
10. Analysez le code d'honneur réprésenté ici.
11. Qu'apprend-on sur les moeurs indiennes?
12. Y a-t-il un élément de racisme dans ce conte?

MAGLOIRE-SAINT-AUDE

1. Où se déroule l'histoire?
2. Décrivez la mère de la défunte.
3. Comment la mort s'appelait-elle?
4. Sait-on comment elle est morte?
5. Qui est la "baigneuse-de-cadavres?"
6. S'agit-il d'un texte de prose ou de poésie?

JUMINER

1. Où sommes-nous dans cette histoire et à quelle époque?
2. Qui profite du désoeuvrement des pêcheurs?
3. Pourquoi part-on pour la Dominique?
4. Faites le portrait de Mam'zelle Loulouse.
5. Qui trouve-t-elle par terre un soir en rentrant?
6. Pourquoi Elphège boit-il tant?
7. A la fin de l'histoire, Mam'zelle Loulouse doit-elle être fière?
8. Quel rôle jouaient les colonies françaises pendant la guerre?

DEPESTRE

1. Où Braget a-t-il fait ses études?
2. Comment arrive-t-il en ville?
3. Qu'est-ce qu'on raconte sur lui?
4. Qui est Mme Cécilia Ramonet?
5. Qu'écrit-on au sujet du docteur au journal?
6. Braget que fait-il graver sur une plaque?
7. Pourquoi la Soeur Nathalie des Anges doit-elle quitter la ville?
8. Quelle est la réaction des citoyens en voyant Braget dans la procession?
9. A la conclusion du défilé, avec qui le docteur part-il?

10. Expliquez le dénouement.
11. Faites une définition du comique d'après ce texte.
12. Quel portrait de la femme le narrateur fait-il?

HYVRARD

1. Quel est "le ventre" de la ville?
2. En quel sens peut-on parler de "déportation?"
3. Les musiciens, quel rôle y jouent-ils?
4. La description du métro nous donne-t-elle envie d'y aller?
5. Expliquez les sujets de "devoirs?"
6. Cherchez les éléments poétiques du texte.

CERIOTE

1. Commentez l'épigraphe.
2. Que fait la chatte?
3. Quelle est la profession de l'héroïne de l'histoire?
4. Pourquoi est-elle rentrée dans son pays natal?
5. Quel message la radio diffuse-t-elle?
6. Décrivez l'enterrement de Mme Adelphine Minevini.
7. Qu'est-ce qui facilite enfin l'adaptation au pays de l'héroine?
8. Quel est le comportement de la chatte à la fin?

CONDÉ

1. Faites la description de la mère.
2. Qui est Jessica?
3. Décrivez le caractère de Larissa?
4. Le père que pense-t-il des études de sa fille?

5. Pourquoi Etiennise n'a-t-elle pas de pitié pour sa mère?
6. Pourquoi Larissa bat-elle Etiennise?
7. Le père que demande-t-il à sa fille de faire pour lui?
8. Qui se venge contre le père et comment?
9. Comment faut-il comprendre la dernière allusion à la mère?
10. Commentez l'image de la famille et des hommes dans les îles francophones.

Glossary

Acra: Deep-fried hors d'oeuvre often made of fish.

Ago: Customary closing to prayers, equivalent to "amen."

Ajoupa: Native hut made of branches.

Anoli: Small lizard.

Anse: Small bay.

Arbre (fruit) à pain: Bread (fruit) tree.

Asclepios: Greek god of medicine.

Baigné: Person initiated in the occult arts.

Baigneuse-de-cadavres: Person who washes and prepares body for viewing.

Bakoua: Kind of cap.

Béké: White person born in the Antilles; more often used in Martinique.

Biguine: Dance.

Bois-caca: Plant with offensive smell.

Cabouillas: Jumbled, motley.

Calalou: Soup made with okra.

Calenda: Lively dance.

Cambré: Magically protected.

Canari: Water jug.

Câpresse: Half-black, half mulatto woman.

Carlyle: (1795-1881) Scottish historian and social critic, defender of poor.

Carreau: Tile heated for ironing.

Cassaves de manioc: Flat cakes made with tapioca.

Cha-cha: Rattle used for musical beat.

Chabine: Light-colored woman, often with blue eyes.

Chambre-haute: House with a second floor.

Chance: Aquatic plant.

Chappée-coolie: Indian half-breed.

Cocomacaque: Police club.

Code noir: 1685 French statute-book governing the relationship between slave and master.

Corossol-doudou: Liqueur with custard-apple flavor.

Corossolier: Custard-apple tree.

Coui: Gourd bowl.

Créole: Born in the Antilles; earrings.

Dégager: Sever supernatural alliance.

Delly: Brother-sister writing team at turn of the century.

Docteur-feuilles (fèy): Voodoo healer who uses herbs and popular remedies.

Dodine: Rocking-chair.

Doudou: Term of endearment; in plural, sweets.

Doudou, pa diskite! An di ou pwi aye, alosou ka pwan ou lese-y: Dearie, no discussion, I tell you, either take it or leave it.

Engagé: In alliance with supernatural forces.

En escalier: In rapid succession.

Esculape: See Asclepios.

Gadèd zafè: Sorcerer

Gallipote: Literally, large, fast bird.

Goumé: Fight.

Griot: African musician-raconteur.

Habitant: Plantation owner\resident.

Habitation: Large plantation.

Haler: Steal.

Haut mal: Epilepsy.

Hippocrate: (460-377 B.C.) Greek doctor whose ethical code is still used by doctors.

L'Homme-du-dix-huit-juin: Reference to Charles de Gaulle's radio appeal to the "Free French" in 1940.

Huile de carapate: Castor oil.

Icaquiers: Coco-plum tree.

Icelle: Old French for "this one."

L'Imitation de notre seigneur Jesus Christ: Fifteenth-century collection of pious meditations, attributed to Thomas à Kempis.

Jaco: Parrot.

Jerricane: Large metal recipients.

Kimbwaze: See "quimboiseur."

Macou: Stray cat.

Madras: Scarf headdress with knots.

Malabar: Hindou, term used most often in Gaudeloupe.

Mal de Pott: Epilepsy.

Malyemin: Creole for Buddha.

Mangotines: A wild, smaller variety of mango.

Mangrove: Heavy vegetation bordering rivers.

Mapiam: Tropical disease causing ulcerous sores (pian).

Mapou: Cottonsilk.

Massale: Hindou dish.

Maréchal Pétain: (1856-1951), German collaborator; ran Vichy government; exiled after the war as a traitor.

Marrons: Slaves who have escaped to the mountains.

Métropole: Continental France.

Molocoye: Tortoise.

Mondor, Henri: (1885-1962) Surgeon\writer known for his study of the poet Mallarmé.

Morne: Small mountain.

Morue: Book in bad condition.

Muser: Linger.

Pain-doux-sucré: Female sexual organ.

Palan: Broth made out of tripe, giblets, and chunks of beef.

Palpou: Hindou dish.

Paré: Ready.

Parques de Turgeau et du Bois-Verna: Wealthy residential areas in Haiti.

Petit-Goave: Coastal town south-west of Haitian capital.

Passer: Die.

Pasteur, Louis: (1822-1895) scientist famous for work in stereochemistry.

Pépée: Girlfriend.

Peul: African race, at first nomadic, today mostly stable and Islamicized.

Pilsudski, Josef: (1867-1935) Polish diplomat.

Pipirite chantant: Literally singing bird, but here daybreak.

Pousser le bois: Stoke the fire.

Potico: Veranda.

Punch ferré: Spiked drink.

Quimboiseur: Sorcerer\magician.

Roulasoir: Sugar refining process.

Sapotille: Naseberry.

Serein: Evening.

Shrub (Chrob): Very sweet liqeur made principally in Gaudeloupe.

Simon le Juste: Carried Christ's cross.

Soucougnan: Sorcerer able to remove flesh.

Soufrière: Volcano on Gaudeloupe.

Soubirou, Bernadette: (1844-1879) Saint whose vision at Lourdes inspired pilgrimages.

Taillos: Starchy, edible root.

Tap-Tap: Public transportation van.

Thérèse de Lisieux: (1873-1897) French Carmelite nun canonized in 1925.

Tillon: Hat made from a large handkerchief.

Ti-mal: Small ("petit") man or boy.

Toma: African race noted for its supernatural powers.

Toubib: Doctor.

Trace: Narrow mountain path.

Travailler: Perform ritual acts.

Vaudou: Religous practice combining both catholic and animist traditions, especially popular in Haiti.

Vendages faites, adieu panier: Proverb meaning approximately "love 'em and leave 'em."

Zombi: Victim of voodoo spell; evil spirit.